Friedrich von Bodelschwingh

Vorschläge zur Vereinigung aller deutschen Arbeiter-Kolonieen

Friedrich von Bodelschwingh

Vorschläge zur Vereinigung aller deutschen Arbeiter-Kolonieen

ISBN/EAN: 9783743432420

Hergestellt in Europa, USA, Kanada, Australien, Japan

Cover: Foto ©ninafisch / pixelio.de

Weitere Bücher finden Sie auf **www.hansebooks.com**

Vorschläge

zur

Vereinigung aller deutschen Arbeiter-Kolonieen

nach allgemeinen Grundsätzen

zur einheitlichen inneren Ordnung
und zu gemeinsamem Handeln nach außen,

namentlich

in Betreff der Organisation der Naturalverpflegungsstationen.

Referat

gehalten in der

Versammlung der vereinigten Vorstände deutscher Arbeiter-Kolonieen

zu Hannover

am 16. Oktober 1883

von

Pastor von Bodelschwingh.

Bielefeld.
Verlag der Schriften-Niederlage der Anstalt „Bethel".
1883.

Nachfolgendes Referat kam nur theilweise, theils in der Vormittags= theils in der Nachmittagssitzung zur Verlesung. Das meiste wurde münd= lich frei vorgetragen. In Bezug auf die **Naturalverpflegungs= stationen** ist das Referat nach den inzwischen eingesammelten Erfahr= ungen vielfältig ergänzt worden. Im Ganzen sind auch diese Erfahrungen noch zu jung, um völlig sichere Vorschläge machen zu können. Allein die Not drängt, da von allen Seiten her solche Ratschläge von uns verlangt werden. Der Vortrag ist besonders im Blick auf diese vielen Anfragen im Auftrage des Vorstandes von westfälisch Wilhelmsdorf dem Druck übergeben.

A. Allgemeine Grundsätze.

Die Arbeiter-Kolonieen sind nicht staatliche noch ständische, sondern nur von Staat, Ständen und Kommunalverbänden freiwillig unterstützte Anstalten **freier christlicher und kirchlicher Liebesthätigkeit**. Es ist bei der Errichtung und Erhaltung derselben nicht darauf abgesehen, sich in selbstsüchtiger Weise die Plage der Vagabunden vom Halse zu schaffen, oder nur einen Vorwand zu gewinnen, den armen Fremdling ohne Hülfe von den Thüren zu stoßen, sondern es liegt ohne jeden Nebengedanken die klare Absicht vor, hülfsbedürftigen Mitmenschen wahrhaftig zu helfen und zwar nicht nur für den Augenblick, sondern für die Dauer nicht nur leiblich sondern auch geistlich. — Die Kolonieen **verpflichten sich aber in keinerlei Weise, zu allen Zeiten und ohne Unterschied jedem Arbeitslosen Arbeit zu gewähren**, sondern bewahren sich streng das Prinzip gänzlich freier Barmherzigkeit nach dem Maße ihrer Kräfte.

Sie sind deswegen auch der Hauptsache nach neben dem Arbeitsverdienst der Kolonisten auf **freie Liebesgaben** angewiesen, zu deren Einsammlung ihnen die staatlichen und kirchlichen Behörden die Erlaubnis um so weniger versagen werden, als notwendig an die Stelle der umsonst weggeworfenen Gaben doch andere freie Liebesopfer für die armen Wanderer treten müssen und als die Sammlung solcher Liebesopfer durch einen autorisierten Sammler an Stelle der nicht autorisierten zahllosen Bettler thatsächlich eine **große Entlastung der ansässigen Bevölkerung**, nicht eine neue Belastung mit sich bringt.

Sie stecken ihr Ziel nicht so hoch, **als ob sie allen arbeitslosen Arbeit verschaffen** und allein die ganze Vagabundage wegschaffen könnten, sondern sie dienen nur einem kleinen Bruchteil bereits hoffnungsloser Arbeitsloser, die nirgends sonst einen Rettungshafen gegen das Versinken in das Elend sehen als in der Kolonie. Es sind lauter **freiwillige** Leute, die am Rande des Verderbens sich zu demütiger Arbeit entschließen. Es gilt als Regel, daß die Vergangenheit des Kolonisten zwar dem Vorstand oder dem Hausvater von ihm selbst vertraulich dargelegt, derselben auch nachgeforscht wird; daß dieselbe aber den sämtlichen andern Kolonisten streng verborgen wird, und auch von ihm nicht darüber geredet werden darf. — Zum nicht geringen Teil sind es sittlich noch nicht gesunkene Söhne unseres Volkes, ja, edle Menschen, die sich zwar zu betteln schämen, aber sich nicht schämen zu graben, und welche die ihnen erwiesene Liebe mit innigstem Danke belohnen. Es sind aber auch nicht wenige schwache Charaktere darunter, die einer sehr festen Hand bedürfen, um sich auf rechter Straße zu behaupten; auch schon tief gesunkene, aus allerlei Kerkern und Banden kommende, die aber wieder aufzustehen und wirklich ein von Sünde und Schuld freies Leben zu führen verlangen.

Es liegt sehr viel daran, diese Kolonieen sittlich zu heben und jeden Schein eines Makels von denjenigen fern zu halten, welche in dieselben eintreten. Das Ziel muß sein, daß es an sich bereits eine Empfehlung ist, einer solchen Kolonie eine längere Zeit angehört und in derselben sich die nötigen Mittel zum Wiedereintritt in das bürgerliche Leben erworben zu haben. Dies Ziel sittlicher Hebung der Kolonisten kann selbstverständlich nur auf religiöser Grundlage erreicht werden. Darum ist auch den konfessionellen Bedürfnissen der Kolonisten treulich Rechnung getragen. Diese Freistätten für arme oft ohne besondere Verschuldung müde gehetzten Mitbrüder müssen nebst der strengsten Zucht und Ordnung zugleich den warmen Hauch barmherzigster Bruderliebe athmen. — Man muß auch nicht bloß Freude und Dank ernten wollen von dieser Arbeit, auch nicht schnelle Frucht erwarten, sondern man muß viel tragen, viel vergeben und vergessen können — auch viel Undank leiden und doch nicht müde werden. Wer das nicht will, lasse die Hände davon. — Die Kirche muß ihre treuesten Arbeiter an diese Aufgaben wenden, und dieselbe vor allen mit ihren geistigen Mitteln unterstützen; aber auch ihr Scherflein ihnen nicht versagen. — Die Kolonieen müssen Stätten sein, an welchen des Wortes Christi treulich gedacht wird: „Ich bin ein Gast gewesen und du hast mich beherbergt." Die konfessionelle Frage innerhalb der Kolonieen kann in doppelter Weise gelöst werden, einmal so, wie es in Wilhelmsdorf geschieht, daß für die Katholiken ein besonderer Hof eingerichtet ist mit einem katholischen Vorarbeiter, der Hausvaterpflichten in Bezug auf die Andachten hat, während er in wirtschaftlicher Beziehung dem Verwalter der ganzen Kolonie unterstellt ist. Im andern Falle, wo die katholische Bevölkerung überwiegend ist, kann ja die Sache auch umgekehrt gemacht und für die Evangelischen ein kleiner Hof eingerichtet werden mit einem evangelischen Hausvater, der wirtschaftlich dem katholischen Hausvater untergeben ist. —

Unsere Kolonie ist so gelegen, daß die Kolonisten beider Konfessionen gleich weit zu ihrer Kirche haben und die Pastoren beider Konfessionen haben ein gleiches Recht, in der Kolonie ihre pastoralen Pflichten auszuüben. In unseren engeren Vorstand sind einige angesehene Glieder der katholischen Kirche hineingewählt und wir befinden' uns in dieser Lage recht wohl. Wir halten es für einen besonderen Segen und für eine Freude, wenn einmal ein Gebiet gefunden ist, auf dem beide Kirchen sich die Hände reichen können zu gemeinsamer Liebesarbeit und möchten nicht gerne, daß dies schöne Verhältnis wieder aufgehoben wird.

In anderen Provinzen, wie in Rheinland und Schlesien, sollen ja konfessionell gänzlich geschiedene Kolonieen angelegt werden, schon darum, weil die Provinzen so groß sind, daß eine Kolonie nicht reicht und ist dieser Ausweg darum auch wohl zu empfehlen; doch sollen die beiden Kolonieen unter einem gemeinsamen Zentralvorstande stehen, so daß die Mittel von den Ständen u. s. w. nach Billigkeit verteilt und die Einheit des Handelns für die Provinzen nicht gefährdet wird.

Wenn die Frage aufgeworfen wird, wie groß die Kolonieen sein sollen, so ist nach den bisherigen Erfahrungen in Wilhelmsdorf auf eine Million Einwohner bei Sommerzeiten auf 30, bei Winterzeiten aber auf 60 bis 80 Betten zu rechnen. —

b) Die Kolonieen werden erdrückt, wenn nicht gleichzeitig durch das ganze Land ein Netz von Naturalverpflegungsstationen gezogen wird, welches jeden ehrlichen Arbeitsuchenden es möglich macht, wenigstens so lange die Kleider noch nicht in Fetzen reißen, ohne Betteln zu müssen, sich nach Arbeit umzusehen. Dies ist dauernd nur möglich, wenn sämtliche Naturalverpflegungsstationen zu gleicher Zeit mit einer Arbeitsstätte verbunden sind, welche eine Gegenleistung für die gewährte Reiseunterstützung gestattet. Verlangt man diese Gegenleistung nicht, so ist Mißbrauch nicht zu verhüten; die Verpflegungsstationen werden zu teuer, die Mittel reichen nicht zu, ausreichend zu unterstützen, der Bettel wird wieder notwendig, ja gewissermaßen obrigkeitlich sanktionirt und die Verpflegungsstationen gehen zu Grunde, weil sie ihren übernommenen Verpflichtungen nicht nachkommen können. Wie in den Kolonieen, so ist auch in den Verpflegungsstationen die Arbeit das einzige sichere Scheidewasser des Würdigen vom Unwürdigen. — Außerdem werden auf diese Weise nicht nur in den Kolonieen, sondern auch im ganzen Lande die reisenden Arbeitslosen an die Arbeit gewöhnt und vor den Branntweinschenken behütet. Kleidungsstücke können auf den Naturalverpflegungsstationen nicht verdient werden, sondern nur der nötigste tägliche Unterhalt. Für die Wiedererwerbung der zerrissenen Kleidungsstücke sind die Kolonieen da.

Wie die Kolonieen in erster Linie Sache der freien kirchlichen Liebesthätigkeit ist, so ist die Einrichtung der Naturalverpflegungsstationen in erster Linie Sache der staatlichen Behörden oder Kommunalverbände. Ohne dieselben läßt sich ein vollständiges Netz nicht einrichten. Dieselben haben auch gesetzlich die Pflicht zu helfen. — Da nach dem deutschen Reichsgesetze jeder notleidende Deutsche unterstützt werden muß, so ist wahrlich der notleidend, welcher bei gesundem Leibe zum Betteln gezwungen ist, weil ihm niemand Arbeit giebt.

Die Mittel zu den Verpflegungsstationen müssen durch Steuern aufgebracht werden, und ist dies durch freiwillige Sammlungen oder Vereine schlechterdings auf die Dauer unmöglich. Auch ist die Steuer für diesen Zweck wie die freien Sammlungen für die Kolonieen eine ungemeine Entlastung der Steuerzahler. Die Naturalverpflegung wird, falls mit Arbeitsleistung verbunden, zweifellos nicht $1/4$ von den Opfern fordern, die ohne dieselbe der Bevölkerung durch die Steuer aufgelegt ist, welche ihnen durch die Bettler abgezwungen wird.

Die ernste Pflicht der Kirche wird es wiederum sein, Persönlichkeiten zu beschaffen, mit welchen die Behörden die Kontrakte abschließen, und zu sorgen, daß ein größeres Netz von echten (nicht wilden) Herbergen zur Heimat hergestellt werde, an welche die Behörden die Wanderer verweisen können. Wo eine solche Herberge besteht, wird diese auch am besten in freiwilliger Weise die Arbeitsstätte herrichten und verwalten.

Ein schwerer prinzipieller Irrtum ist hier zu bekämpfen, nämlich, daß die Naturalverpflegungsstationen nur Etappenstraßen nach den Arbeits-Kolonieen sein sollen. Sie sind dies allerdings auch und dienen zur Beruhigung des Gewissens, daß ein fern von der Kolonie Arbeitsuchender, ohne betteln zu müssen, die Kolonie erreichen kann; allein sie sind dies keineswegs allein. — Sie dienen vielmehr jedem Arbeitslosen ohne Ausnahme, auch denen, welche außerhalb der Kolonie Arbeit suchen. Höchstens $1/20$ sämtlicher augenblicklich Arbeitslosen wird in den Kolonieen selbst Aufnahme suchen müssen und finden können.

Ein zweiter prinzipieller Irrtum besteht in bezug auf die Arbeitsleistung und stehen hier zwei Anschauungen einander gegenüber, welche beide die Forderung einer Arbeitsleistung abweisen. Die Einen sagen, die Arbeit wäre zu gut und zu schade für diese Fremdlinge, man müsse sie den angesessenen Armen lassen. — Die Andern sagen, die Arbeit sei entehrend, man dürfe sie einem noch ehrlichen Menschen nicht zumuten;

dies geschieht meistens seitens der Handwerksmeister, welche in besseren Zeiten selbst auf der Landstraße gelegen und ihr Stadtgeschenk ohne Gegenleistung in Empfang genommen haben. Beide Ansichten sind als grundfalsch zu bekämpfen. Wenn man dem Verbrecher im Gefängnis überall die Wohlthat der Arbeit zuerkennt, so darf man sie unschuldigen Pilgern nicht versagen, die ohne solche Hilfe zu Verbrechern herabsinken müssen — denn ohne Arbeitsleistung läßt sich a u s r e i c h e n d e Reiseunterstützung nicht dauernd gewähren. Das ist bereits b e w i e s e n. Es handelt sich ja auch nur um eine vorübergehende Arbeit, um während desselben Tages ehrlich Arbeit suchen zu können. Wenn man e r n s t l i c h sucht, wird man überall solche Arbeitsgelegenheit finden, ohne den eingesessenen armen Arbeitern zu schaden. — Noch vielmehr ist aber die Ansicht zu verurteilen, als ob ehrliche Arbeit, so gering sie auch sei, für irgend einen Menschen entehrend sein könne, und nicht in allen Fällen ehrlicher, als sich bei gesundem Leibe von A l m o s e n zu nähren. — Es ist hierbei auch dies nicht zu vergessen, daß es sich in diesem Falle ja nur um solche Leute handelt, welche öffentliche Unterstützungen anzunehmen gezwungen sind, nicht um solche, die selbst noch Mittel haben oder durch feste Anschlüsse an eine Innung oder eine andere Hülfskasse sich durch fleißige Arbeit ein gutes A n r e c h t auf solche Unterstützung erworben haben.

Es bleibt für uns der Grundsatz stehen: A r b e i t für die A r b e i t s fähigen ist die e i n z i g r i c h t i g e und wirklich barmherzige Hülfe, sei es in der Kolonie sei es in der Verpflegungsstation.

B. Einzelne Gegenstände.

I. Die einheitliche innere Organisation der Kolonie betreffend werden folgende Regeln vorgeschlagen.

a) Es scheint notwendig, für alle Kolonieen der Hauptsache nach eine gleiche Hausordnung aufzustellen, ohne den einzelnen Kolonieen je nach den Umständen in Nebensachen einen Zwang aufzulegen.

b) In bezug auf Obdach und Verpflegung der Kolonisten, Nahrung und Kleidung gilt im allgemeinen die Norm der militärischen Verpflegung der gemeinen Soldaten. Es ist darauf zu halten, daß jedermann, der fleißig arbeitet, völlig satt zu essen bekommt. Fleisch wird der Regel nach nur an drei Tagen gereicht, vorzugsweise Speck. Gewöhnliche Gefangenenkost ist entschieden für unsere Kolonisten nicht ausreichend.

c) Die Kleidung soll nicht das Gepräge einer gleichmäßigen Uniformirung haben, welche den Kolonisten leicht den Stempel von Sträflingen aufdrücken könnte, wovon doch gerade das Gegentheil erstrebt wird. Es ist eine Mannigfaltigkeit von Kleidungsstücken je nach dem Bedürfnisse der einzelnen Kolonisten eine Wohlthat und denselben nach Möglichkeit Freiheit zu gewähren, dieselben sich selbst zu wählen. — Es muß auch der Schein vermieden werden, als ob das Kleidermagazin eine Geschäftssache für die Kolonie sei. Die Kleider müssen möglichst soliden Stoff haben und ebenso solide gefertigt sein und zum Selbstkostenpreise abgegeben werden. Es muß durchaus der Eindruck bei den Kolonisten entstehen, daß die von ihm genommenen Kleider preiswürdig sind. Es ist auch dahin zu streben, daß die die Kolonie ehrlich Verlassenden einen ordentlichen Anzug haben. — In westfälisch Wilhelmsdorf sind die Normalpreise folgende:

Für den Sommer: 2 Hemden à Mk. 1,60 = Mk. 3,20; 2 Paar Strümpfe à Mk. 1 = Mk. 2; 2 Halstücher à 30 Pf. = 60 Pf.; 2 Taschentücher à 48 Pf. = 96 Pf.; 1 Paar Hosenträger 50 Pf.; 2 Kittel à Mk. 1,65 = Mk. 3,30; 1 Mütze Mk. 1; 1 Paar Schuhe Mk. 5; 1 Weste Mk. 1,20; 1 Paar Holzschuhe Mk. 1; 1 Molarkin-Hose Mk. 4; 1 Molarkin-Rock Mk. 5. Summa: — Für den Winter: 1 wollenes Halstuch 50 Pf.; 1 wollene Unterjacke Mk. 2,50; 1 Unterhose Mk. 1,50. Summa: — Als Sonntagsanzug: 1 Büffel-Rock Mk. 10,50; 1 Büffel-Hose Mk. 7,50.

Doch wird dieser Sonntagsanzug nur solchen Arbeitern gegeben, welche ihn wünschen und bei denen Garantie dafür ist, daß sie längere Zeit bleiben. Die Arbeiter-Kolonieen sollten nach Kräften dafür sorgen, daß die Bekleidungsgegenstände, wenigstens Hemde und Strümpfe, wieder anderen Anstalten christlicher Barmherzigkeit Arbeit bieten, den Mägdeherbergen, Asylen für Gefallene, arme Witwen in den Gemeinden 2c.

d) Die Arbeitszeit wird sich nach der ortsüblichen Arbeitszeit richten müssen, damit bei den anderen Arbeitgebern nicht die Meinung entsteht, als ob in der Kolonie gefaulenzt werden könnte.

e) Der Arbeitslohn darf unter keinen Umständen die volle Höhe des ortsüblichen Arbeitslohnes erreichen. Er muß sogar weit niedriger sein. Es würde dadurch die Kolonie sofort als eine Konkurrenzanstalt für andere Arbeitgeber und namentlich für die Landwirte erscheinen und ihre Existenz würde gefährdet sein, man würde sie nicht mehr unterstützen. Dieselbe gewährt schon an und für sich durch die Ordnung und Reinlichkeit den Arbeitern einen großen Vorzug vor vielen ländlichen und städtischen Schlafräumen, die ihnen sonst geboten werden. Doch ist darnach zu trachten, daß überall Akkordarbeiten eingeführt werden, damit der fleißige Arbeiter sich schneller aus seiner übernommenen Kleiderschuld herausarbeiten kann, als der träge Arbeiter. Auch ist dahin zu trachten, daß tüchtige Handwerker oder andere Berufsarbeiter innerhalb der Kolonie in ihrem eigenen Berufe beschäftigt werden und wenn sie sich hier tüchtig und fleißig bewähren, ihnen eine Gratifikation über den gewöhnlichen Arbeitsverdienst zugestanden wird. In gleicher Weise werden solche, welche sich einen Vertrauensposten erwerben, ausgezeichnet.

In Wilhelmsdorf sind wir im Winter nicht über 25 Pf., im Sommer nicht über 40 Pf. gegangen, nur im Akkord bis 50 und 60 Pf. Die besonderen Vergütungen betragen nur 10 Pf. pro Tag. Sollen schlechte Elemente zurückgehalten werden und den Kolonisten die ihnen selbst nötige Zeit von 3—4, besser 5—6 Monate in der Kolonie gewährt werden, so müssen die Lohnsätze nicht zu hoch bemessen werden. — Es ist schlimm, wenn man ehrliche Arbeitsuchende, die gerne mit dem bescheidensten täglichen Brod und notdürftiger Kleidung zufrieden sind, und die mit Thränen um Aufnahme bitten, abweisen muß, weil unlautere Elemente, aus denen doch nichts wird, ihnen den Platz genommen haben. — Es ist eine unbillige und schädliche Forderung, daß ein noch dazu meist ungeschickter Landarbeiter sich in drei Monaten einen feinen Anzug 2c. verdienen will. Kann das ein ehrlicher Ackerknecht? Gewiß nicht. — Unsere Erfahrungen haben uns getrieben, lieber mit dem Gelde herunter als herauf zu gehen. Wenn nur wirklich herzliche Liebe und Erbarmung gegen die armen Fremdlinge bei dem Hausvater und dem Vorarbeiter zu spüren ist, so wirkt das viel mehr, als zu reichlicher Lohn. — Wir raten hier aus Erfahrung zu größester Vorsicht.

f) Die Arbeitskontrakte und Kleiderquittung sind nach einem einheitlichen Formular anzufertigen.

g) Als Strafe besteht für die Kolonisten der Regel nach kein anderes Mittel, als die Entlassung. Es muß stets als eine Wohlthat angesehen werden, in der Kolonie bleiben zu dürfen. Nur für den Fall, daß der Betreffende selbst dringend bittet, bleiben zu dürfen, kann an Stelle der Entlassung für die Zukunft eine Reduzierung seiner Arbeitsvergütung treten oder dieselbe für einige Zeit ganz unterdrückt werden. Mit besonderer Strenge ist das Einführen von Branntwein in die Kolonie zu ahnden und erfolgt hierauf der Regel nach sofort Entlassung der Kolonisten. Diejenigen, welche heimlich mit nicht abverdienten Kleidern die Kolonie verlassen, sind unnachsichtlich sofort strafrechtlich zu verfolgen und ist auch dafür Sorge zu tragen, daß sämtliche Kolonisten erfahren, daß eine solche Anzeige bei den Behörden erfolgt ist; ebenso, wenn der Betreffende ergriffen und bestraft ist. Es werden den Ausreißern gleich gerechnet auch solche, die von auswärtigen ihnen nachgewiesenen Stellen sich heimlich entfernen, ohne ihre Schuld abverdient zu haben und ohne in die Kolonie zurückzukehren. In westfälisch Wilhelmsdorf sind bisher nur wenige der verdienten Strafe entgangen und die noch nicht bestraft sind, werden derselben schwerlich entgehen.

h) Die Entlassungsscheine werden einzeln wahrheitsgetreu nach dem Betragen ausgefertigt und Schemata darum nicht angewendet. — Wer nicht wenigstens sechs Wochen fleißig gearbeitet hat, bekommt kein Zeugnis; es sei denn, daß er in bestimmte Arbeit eintritt. Es hat sich diese letztere Maßregel als außerordentlich heilsam und durchaus nötig erwiesen, da sonst allerlei schlechte Individuen sich einfinden, einzig und allein, um sich ein gutes Bettlerzeugnis zu verdienen. — Wir raten dringend, auf diese Maßregel strikt zu achten.

i) Die Beamten sind mit ganzem Ernste nach dem Gesichtspunkte auszuwählen, daß sie ihren Beruf nicht als eine Sache ansehen, um zu Brod zu kommen. — Liebe zu Gott und zu ihren Nächsten muß sie treiben. Sämtliche Angestellte müssen den Kolonisten nach allen Richtungen hin zum Vorbilde dienen, sowohl, was Gottesfurcht als Arbeitsfleiß anlangt; sie müssen denselben ein christliches, arbeitsames Leben selbst vorleben. Es ist ja keineswegs nötig, daß dieselben religiösen Genossenschaften: evangelischen oder katholischen Bruderhäusern angehören; allein ratsam ist dies besonders darum, weil die Kolonieen nach Zeit und Umständen sich sehr ausdehnen oder zusammenschrumpfen. Steht die Kolonie mit einem Bruderhause in Verbindung, so wird sie einmal sehr viel billigere Beamte haben, deren Zukunft an sich gesichert ist, und sodann wird sie nach Ebbe und Flut wechselnd bedient werden können, ohne sich zu überlasten. — Im allgemeinen ist anzunehmen, daß die Kolonie im Winter doppelt so stark besucht ist, als im Sommer.

C. Die Stellung der Kolonieen zu einander betreffend.

a) Es ist zunächst daran festzuhalten, daß die freie Barmherzigkeit sich nicht in politische Grenzen einzwängen lassen darf. So wenig jede Kolonie sich verpflichten kann, alle Arbeitslose aufzunehmen, so wenig soll sie sich auch verpflichten, Arbeitslose aus anderen Ländern und

Provinzen abzuweisen. Ebenso soll die Kolonie auch keinen Unterschied kennen weder in bezug auf die Konfession, noch auf die Würdigkeit oder Vergangenheit der sich Meldenden.

Wer wirklich ernstlich arbeiten will und sich in die Ordnung schicken, darf aufgenommen werden. Darum sind auch entlassene Gefangene jeder Art nicht zurückzuweisen, sondern gerade ihnen muß auch gedient werden. Immerhin aber ist es billig und heilsam, daß jede Provinz und jedes Land sich in erster Linie derjenigen Arbeitslosen annimmt, welche in derselben Provinz heimatsberechtigt oder wenn heimatslos in derselben geboren sind und es ist der Grundsatz festzuhalten, daß von dem Augenblick an, wo Mangel an Raum zur Abweisung von Kolonisten nötigt, zunächst diejenigen abzuweisen sind, welche einem anderen Lande oder einer anderen Provinz rechtlich angehören oder falls heimatlos in derselben geboren sind. Durch dieses Verfahren wird das Heimatsbewußtsein gestärkt und auch solche Landesteile, welche bisher noch keine Kolonie haben, zur Einrichtung einer solchen um so kräftiger veranlaßt. Es entspricht auch der Barmherzigkeit, daß allen reisenden Arbeitslosen diese Grundsätze öffentlich bekannt gemacht werden, damit sie in der Zeit der Ueberfüllung der Kolonieen nicht vergeblich weite Reisen antreten.

Es ist aber auch wünschenswert, daß schon jetzt diejenigen Landesteile, welche keine Kolonieen haben, sich womöglich für ihre Arbeitslosen so lange ein Gastrecht bei einer benachbarten Kolonie verschaffen, bis sie selbst zu einer eigenen gelangt sind. Die Bedingungen, unter denen dies geschehen kann, werden dieselben sein, unter welchen überhaupt die freien Kolonieen bestehen: Die Erlaubnis einer Sammlung in Kirche und Haus oder sonstige freiwillige Zuwendungen der Stände, der Kreise, der Städte oder Privatpersonen.

b) In bezug auf die aus einer Kolonie Entlassenen sind gleichmäßige Bedingungen zu erfüllen, falls sie in einer anderen Kolonie aufgenommen werden sollen. Es ist zu verhüten, daß böswillige Subjekte eine Kolonie nach der anderen betrügen. — Es wird darum notwendig sein, daß eine Liste der aus einer Kolonie Entlassenen jeder andern Kolonie monatlich zugeschickt wird, mit den nötigen Bemerkungen versehen. Solche, die aus einer Kolonie weggeschickt worden sind wegen schlechten Verhaltens, dürfen unter keinen Umständen bei einer andern Kolonie aufgenommen werden, falls nicht die Kolonie, aus der sie weggeschickt sind, ausdrücklich darum bittet. Dasselbe ist der Fall bei denjenigen, welche die Kolonie heimlich mit Schulden verlassen haben. Geschieht dies doch, so zerstört man die Zucht in allen Kolonieen, da ja Entlassung die einzige Strafe derselben ist. Zuchtlosigkeit ist darum Unbarmherzigkeit gegen die Kolonisten und Unbarmherzigkeit gegen die Nachbar=Kolonieen. — Solche, die mit guten Zeugnissen versehen, die Kolonie verlassen, sollen nicht verhindert sein, in einer anderen Kolonie einzutreten, sofern sie dieselben aufnehmen will.

D. Das Verhältnis der Arbeiter-Kolonie zu den Naturalverpflegungsstationen

betreffend, so ist bereits in den allgemeinen Grundsätzen ausgesprochen, daß die Verpflegungsstationen nicht Sache der Kolonieen, sondern Sache der Kommunalverbände, gestützt durch die freie christliche Liebesthätigkeit, sind. Sie können weder seitens der Kolonieen organisiert, noch von denselben materiell erhalten werden. Damit ist aber nicht gesagt, daß die Vorstände der Arbeiter=Kolonieen sich gar nicht um die Verpflegungsstationen zu kümmern hätten, und daß ihnen ihr Gedeihen oder Nichtgedeihen gleichgültig sein könnte. Im Gegenteil, von der richtigen Organisation der Naturalverpflegungsstationen hängt auch die Existenz der Kolonieen ab. Es ist völlig gewiß, daß die Kolonieen über kurz oder lang zu Grunde gehen werden, wenn nicht zu gleicher Zeit mit ihnen diese Stationen kräftig organisiert werden. Ja die Verpflegungsstationen sind bei weitem die Hauptsache, die Kolonieen nur bescheidene Hilfsmittel für das Gelingen der ganzen Aufgabe. — Was kann es helfen, wenn in den Kolonieen im Deutschen Reiche aufs höchste 3 bis 4000 „arme Reisende" Unterkommen finden und daneben vielleicht 100 000 oder 200 000 aufs Betteln angewiesen bleiben und infolgedessen auch das Bettlerhandwerk weiter grünt und blüht. — Denn so lange man betteln muß, wird auch gebettelt werden, trotz Vermehrung der Polizei und Verschärfung der Gesetze. Und wo sollen dauernd die freiwilligen Gaben herkommen zum Unterhalt der Kolonieen? Die Opferwilligkeit wird schnell verlöschen. Darum ist es Pflicht der Selbsterhaltung, daß die Vorstände der Kolonieen und namentlich der Zentralvorstand seinerseits in die Posaune stößt, um alle die es angeht zur Errichtung eines vollständigen Netzes von Verpflegungsstationen nach einheitlichen Grundsätzen unermüdlich zu ermuntern.

Aber nicht nur die Pflicht der Selbsterhaltung treibt dazu, sondern noch vielmehr die Pflicht der Barmherzigkeit. — Die Vorstände der Kolonieen sind in der Lage mehr als jemand sonst tiefe Einblicke in die furchtbare Noth unserer arbeitslosen Pilger zu thun. Es ist eine zu zarte Sache, Lebensläufe, die wir von unseren Kolonisten in Händen haben, durch den Druck zu veröffentlichen. — Sie gewähren wirklich erschütternde Einblicke in die Qual der Arbeitslosen, namentlich während der Anfänge ihrer Not, wo das Gewissen noch wach ist und sich dagegen sträubt, den Weg des planmäßigen Bettlers zu betreten, welchen sie durch vergebliches flehentliches Bitten um Arbeit und durch nicht ausreichende offizielle Unterstützung verbittert, von den Vagabundenwirten und deren zahllosen Helfershelfern mit wahrer Lust hineingeleitet werden. Aller Schmutz und Kot der Landstraßen ist nichts gegen den leiblichen und noch größern sittlichen Schmutz der Vagabundenherbergen mit ihren Branntweinorgieen, ihrem schauerlichen Spott gegen alles Heilige und ihren grauenvollen Schlafquartieren.

Neben den Herbergen stehen dann als nicht geringere Orte des Verderbens die Arrestlokale größerer Städte, wo Schuldige und Unschuldige mit einander eingesperrt werden. Wenn der Untersuchungsrichter auch den Unschuldigen leichter aburteilt, was in vielen Fällen unmöglich ist, und ihn nach einigen Tagen laufen läßt, so ist diese Untersuchungshaft an sich schon ein schwerer Stoß nach unten, der nur zu leicht in den Landarmenhäusern endet. In einer einzigen größeren deutschen Stadt (nicht Berlin) wurden in einem viertel Jahr über 3000 solche, — bunt aufgegriffene Menschen eingekerkert; und mehr als einer unserer Kolonisten datiert sein erstes unschuldiges Gefängniß aus dieser Stadt. — Man hatte ihm das allernötigste nicht gereicht, wie wohl ein blühender Verein gegen Bettelei an diesem Orte besteht, der große Opfer bringt.

Neben diesen Berichten unserer schiffbrüchigen Kolonisten liegen weit über 100 Berichte wackerer christlicher Herbergsväter aus allen größeren Städten Deutschlands vor uns und auch ihr Zeugnis ist erschütternd. In 95 pCt. sämtlicher Städte mußte jeder wirklich Unbemittelte notgedrungen betteln, trotz Stadtgeschenk und Anti-Bettelverein, wenn er nicht dabei irgend einer Innungskasse angehörte, die ihn ordnungsmäßig unterstützte. Wenn nun nicht einmal die Städte den Arbeitslosen ausreichende Unterstützung liefern, um, ohne betteln zu müssen, sich nach Arbeit umsehen zu können, wie viel weniger ist dies auf dem Lande der Fall! — Eine genaue Reiseroute eines wackeren Handwerkers, dessen Handwerk aber im Winter brach liegt und den die Not zwang, auf die Reise zu gehen, ergiebt, daß auf seiner Reise von Westfalen durch Norddeutschland bis Berlin und durch Mitteldeutschland wieder zurück die offizielle Unterstützung durch Bettelvereine und Behörden nicht mehr als drei Pfennige pro Meile ergeben hat.

Es kommt hinzu, daß mit Ausnahme des einen Punktes, worin eine fast vollständige Einigkeit herrscht, nämlich: daß man die Reisenden nicht auskömmlich unterstützt, in allen anderen Punkten die denkbar größte Verwirrung und Uneinigkeit besteht. Jede Stadt, jeder Verein hat andere Regeln in bezug auf die Art und Höhe der Gabe und auf die Bedingung, unter der sie gereicht wird. In der einen Stadt wird nur drei Wintermonate unterstützt, in anderen sechs Monate. Wer aber den 29. September hülflos wird, oder den 1. April, muß betteln gehen. Die eine Stadt verlangt, daß der Hülflose nachweise, daß er mindestens drei Wochen außer Arbeit ist, aber auch nicht länger als drei Monate. Die andere Stadt hat ein ganz anderes Zeitmaß. Daß die Papiere nachgesehen werden, ist ja gut, aber daß nach den Papieren also klassifiziert wird: für beste Papiere giebts 30 Pf. Unterstützung, für mittelgute 20, für schlechte oder gar keine gar nichts, so ist das wiederum eine sehr böse Sache.

An einigen Orten mögen Personen sein, welche durch lange Erfahrung gefälschte von richtigen Papieren unterscheiden können; aber wie schwer ist das? Die geübtesten Bösewichter haben sicher die besten Papiere, die auch nicht als gefälscht zu erkennen sind, und mit welchen sie selbst die erfahrensten Polizeibeamten in großen Städten täuschen. Und wie viele Papiere werden gestohlen! Man unterstützt den, der gute Papiere hat und weist den Aermsten ab, dem sie gestohlen sind; ja man prämiirt auf diese Weise die Anfertigung gefälschter Papiere. Es giebt eine bedeutende Anzahl von Hochstaplern, welche sich lediglich mit Anfertigung falscher Papiere beschäftigen, dieses Handwerk gründlich verstehen und damit einen schwunghaften Handel treiben.

Ebenso schlimm ist die Prinziplosigkeit in bezug auf die Art der Unterstützung. Eine große Menge von Städten unterstützt noch mit Geld, welches in beliebigen Kneipen durchgebracht werden kann. Der größere Teil freilich giebt Anweisungen, die aber auch in den verschiedensten Herbergen Geltung haben.

Nur mühselig ist es an einigen Orten durchgesetzt, daß dieselben auch in den Herbergen zur Heimat benutzt werden dürfen. Es steht aber fest, daß diese Anweisungen in den meisten Kneipen, die nicht Herbergen zur Heimat sind trotz alles Verbots in Branntwein umgesetzt werden, ja, die Wirte ermahnen selbst ihre Gäste, doch nicht so dumm zu sein, und das Billet für Nahrungsmittel oder ein Nachtlager zu verwenden; erstere lassen sich leicht erbetteln und zum Nachtquartier dient die Bank oder im Sommer der freie Himmel. So bleibt die öffentliche Anweisung ganz allein für den Branntwein übrig. — Selbst da, wo die Herbergen zur Heimat ausschließlich zur Versorgung der armen Pilger benutzt werden, macht man die schmerzlichsten Mißgriffe. Es giebt große Städte, in welchen das Ausgeben von einzelnen Bettelmarken organisiert ist. Man kann sich Marken in der Höhe von 2, 3, 4 und 5 Pf. zusammenbetteln, welche in den Herbergen zur Heimat honoriert werden. Die Folge davon ist, daß die schändlichsten Subjekte drei bis vier Wochen lang in einer einzigen Stadt von solchen Bettelmarken, deren Sammlung obrigkeitlich gebilligt ist, trefflich leben, und daß die Polizei die schlechtesten Schufte in den Herbergen zur Heimat finden kann. — Daher giebt es auch eine Anzahl von Herbergen zur Heimat, die mit den Vereinen gegen Verarmung gar nichts zu thun haben wollen und prinzipiell keinen ihnen von denselben zugewiesenen Reisenden aufnehmen, weil ihre Herbergen dadurch degradiert und die ordentlichen Reisenden abgeschreckt werden. Es ergiebt sich ferner, daß auch die Herbergen, selbst die Herbergen zur Heimat heißen, sehr verschiedener Natur sind. Es giebt viele sogenannte wilde Herbergen zur Heimat, welche ebenso fleißig Branntwein schenken als die übrigen. — Selbst das offizielle Verzeichnis der Herbergen zur Heimat enthält viele, die diesen schönen Namen nicht verdienen. Es befinden sich darunter solche, wo die Vorstände ihre Herbergsväter auf Tantième für die verkauften Getränke gesetzt haben. — „Da muß schon eine schöne Quantität Bier ausgeschenkt werden, wenn man leben will," schließt ein Hausvater seinen Bericht. — Wie die Lebensläufe der Kolonisten, so lassen sich leider auch die Berichte der Herbergsväter aus Diskretion nicht veröffentlichen. Sie sind eine schwere Anklage gegen unser gesammtes Herbergswesen und die öffentliche Unterstützung der Reisenden. — Es fehlt auch hier die einheitliche Organisation.

Auch die bereits hin und wieder, namentlich im Württemberger Land eingeführten Naturalverpflegungsstationen leiden unter diesem Mangel an Gleichmäßigkeit. Ein Oberamt hat diese heilsame Einrichtung getroffen, und das andere nicht, so kommt es, daß dasjenige, welches in Ordnung sein könnte, durch das Nachbaramt wieder desorganisiert wird. Die Bettler kommen einfach Nachts aus dem Grenzgebiete herüber, benutzen die Verpflegungsstation zu einem guten Nachtquartier und betteln den andern Tag jenseits der Grenze weiter. — Alle Grenzgebiete sind daher doppelt heimgesucht. — Ferner besteht auch eine Differenz darin, ob sich jede einzelne Gemeinde, auch solche, die etwa nur $1/4$ oder $1/2$ Stunde auseinander liegen, Verpflegungsstationen anlegen sollen oder ob nur durch gemeinsame Organisation des Amtes einige wenige Stationen in zwei bis drei Stunden Entfernung auf gemeinsame Kosten aufgerichtet werden. Endlich ist auch darin große Uneinigkeit, was in den Verpflegungsstationen gereicht werden muß, welche Kontrakte mit den Stationshaltern abzuschließen sind und ganz besonders, ob eine Arbeitsleistung für die Verpflegung zu fordern sei oder nicht. Württemberg sieht bereits ein, daß es bei der gegenwärtigen Ungleichmäßigkeit seiner Einrichtungen allmählich wieder rückwärts gehen muß. Die Fülle der Stationen hat es nicht zu einer ordentlichen Auswahl von Wirten kommen lassen. Die boshaften Bettler bringen es fertig, einen ganzen Tag nur eine halbe Stunde weiter, von einem Dorfe zum andern zu kommen.

Viel schlechte Wirte schieben ihren Gästen wiederum als erstes Labsal das Schnapsglas hin, andere geben ihnen die nötigste Nahrung nicht, so daß die Eingesessenen, welche die Mittel für richtige Verpflegungsstationen hergegeben, das Geben an den Thüren nach wie vor weiter treiben, weil sie sich überzeugt haben, daß die Station ihre Schuldigkeit nicht thut und so wollen sie mit der ganzen Sache nichts mehr zu thun haben. — Die Hauptschuld an dem Rückwärtsgehen der Naturalverpflegungsstationen in dem Württemberger Lande liegt aber in dem verderblichen Grundsatz, der auch in einer großen Menge anderer Orte und Landstriche gilt: „Für die fremden Landstreicher ist die Arbeit zu gut, diese müsse nur für die einheimischen Armen aufgehoben werden." Auf der einen Seite fürchtet man eine allgemeine Aufregung gegen die Verpflegungsstationen, wenn man denselben diese köstliche Gabe für die Armen, die Arbeit, zukommen lasse, während auf der andern Seite namentlich die Handwerksmeister sich empört aussprechen, daß man ihren Zunftgenossen eine solche Erniedrigung zumute, ihr Stücklein Brot erst noch auf der Wanderschaft verdienen zu sollen.

Und doch liegt hier der eigentliche Kernpunkt, auf welchen alles ankommt, wenn die ganze Bewegung zur Abhilfe der Vagabundennot nicht wieder nach mancherlei schmerzlichen Zuckungen über kurz oder lang sterben soll, daß die Unterstützung für alle Arbeitsfähigen, sei es in der Kolonie, sei es auf der Verpflegungsstation, nur gegen eine Arbeitsleistung und zwar gegen eine ernstliche gewährt werde. Einen anderen Weg giebt es nicht zwischen dieser Scylla und Charybdis hindurch. Entweder man giebt unter mancherlei Entschuldigungen dem arbeitslosen Fremdling zu wenig, und zwingt ihn zum Betteln, oder man giebt ihm ohne Arbeit auskömmlich und so erzieht man wieder grundsätzlich ein Heer neuer Faulenzer und Tagediebe.

Stellen wir uns diese beiden Irrwege doch noch einmal in ihrer ganzen Verderblichkeit vor Augen.

Erstens: Die offizielle Unterstützung für den mittellosen, arbeitslosen Reisenden ist für dessen äußerste Notdurft nicht ausreichend; man zwingt ihn, wenn er nicht verhungern will, zu betteln; jeder pflichttreue Gendarm muß ihn verhaften, jeder pflichttreue Richter muß ihn verurteilen. Ob der Mann schuldig oder unschuldig gebettelt hat, ob ihn wirkliche Not gezwungen hat oder nicht, kann der Richter in den seltensten Fällen auch nur annähernd beurteilen, so lange nicht regelmäßige Verpflegungsstationen eingerichtet sind. Jeder sagt, der Schuldige wie der Unschuldige, er habe aus Not gebettelt. Es ist auch schwer zu entscheiden, wer barmherziger ist, der laxe Gensdarm oder der scharfe, der laxe Richter oder der scharfe. Im letzten Falle wird das Gefängnis der Aufenthalt des Unglücklichen; im ersteren Vagabundenherberge und dieses ist vielleicht das gefährlichere und schrecklichere Loos. Auch werden bei dem laxen Verfahren nur immer noch größere Schaaren auf die Straße des Verderbens gestoßen. Jedenfalls ist es eine furchtbare Thatsache, die wir täglich vor Augen sehen können, daß arme Mitmenschen, die ihre Hand flehend nach Arbeit ausstrecken, in den grundlosen verpesteten Sumpf der Vagabunden=Herbergen zurückgestoßen werden.

Es mag sein, daß viele dieser Unglücklichen ein solches Loos mutwillig auf sich geladen haben, aber wer kann das beurteilen? Wer hat den ersten Stoß abwärts gethan? Von welcher Thüre ist er zum ersten Male, als er hungernd um Arbeit flehte, wo sie ihm vielleicht noch leicht geboten werden konnte, mit einem Schnapspfennig in die Vagabunden= Herberge gestoßen, bei welcher Gelegenheit zum ersten Mal verhaftet worden, als er vor Hunger um Brod bat? Daß letzteres bei Unzähligen vorkommt, kann bewiesen werden. Wenn ein erfahrener Amtsrichter, dem das Loos dieser Unglücklichen am Herzen liegt, uns schreibt, daß unter 10 wegen Bettelei Verurteilten mindestens einer sich befindet, der nur deshalb das Gesetz übertreten hat, weil er durch äußerste Not dazu gezwungen worden, so kann man vielleicht diese Zahl zu hoch achten, aber ich frage, für wie viele von denen, die heute allerdings mit Bewußtsein, Absicht und Bosheit betteln, mit Wut, Haß und Bitterkeit gegen Gott und Menschen im Herzen, hat es eine Zeit gegeben, wo dies nicht ihre Absicht war, sondern wo sie nur mit krampfhaftem Widerstreben sich in diese Laufbahn hinein begeben haben? Was können alle Gegenbeweise am grünen Tisch thun, wenn man es selbst gewiß weiß, wie viele hunderte von Menschen, die um Arbeit gefleht haben, man selbst von der Thüre weggewiesen hat und wenn man es dann wiederum selbst vor Augen sieht, wie still, fröhlich und dankbar eine große Anzahl derselben, auch aus dem tiefsten Jammer herauskommend, und oftmals mit den schändlichsten Schimpfnamen „Faulenzer", Hallunke, Tagedieb lange Zeit traktiert, Schippe und Hacke in die Hand nimmt und ausdauernd die geringste Arbeit lieber thut, als betteln.

Man muß die ganze Herzlosigkeit unserer sozialen Verhältnisse kennen. Wie viele Hunderte werden plötzlich durch den Niedergang irgend einer Industrie, durch ein Stillstehen dieser oder jener Fabrik, auf die Landstraße gestoßen? Man sehe auch nur zu, wie künstlich es eingerichtet wird, daß man schwache elende Menschen, schwach begabte halbe Krüppel aus der Gemeinde los wird, und planmäßig dafür sorgt, daß sie heimatslos werden. Eben liegt ein Brief vor mir, wonach ein fleißiger aber kränklicher Mensch, dessen Vater fast 50 Jahre Lehrer im Orte gewesen ist, auf Anleitung des Dorfschulzen, nachdem er nicht ganz 2 Jahre anderweitig untergebracht war, von niemanden im heimatlichen Dorfe aufgenommen werden darf, sogar von dem eigenen Bruder vor die Thür gestoßen wird, und daß mit der ausgesprochenen Absicht, damit er in dem Dorfe ja nicht sein Heimatrecht behaupte, sondern heimatslos werde. O diese Kunstgriffe, heimatlose Leute zu schaffen, wie schreien sie gen Himmel! Ein westfälischer Gefängnisdirektor klagt, daß sein Gefängnis sich nicht zum geringen Teil mit halben Krüppeln fülle, die nur halb arbeitsfähig, von ihren heimatlichen Gemeinden künstlich auf die Bettlerstraße gestoßen und landarm gemacht werden, damit sie sie nicht ernähren müssen.

Was kann bei solchen Zuständen die Vermehrung der Gensdarmen nützen? Es ist nur eine Vermehrung der Schuld und Sünde, die unser Volk auf sich ladet. Aus diesem qualvollen Bewußtsein heraus kommt es auch, daß viele Gensdarmen, und noch viel mehr die Polizeidiener ihr Amt so lax ausüben, daß sie den armen Stromern oftmals selbst die Angabe machen, wie sie ihre Bettelfahrt einzurichten haben, damit sie sie nicht zu greifen brauchen. Daher kommt es, daß die Richter in ihren Verurteilungen so hin und her schwanken, daß der eine strenge, der andere sehr milde urteilt; daß in einer Provinz viele, in der anderen wenige zur Nachhaft in Landarmenhäuser verurteilt werden. Gewiß, wo die Gensdarmen und Richter scharf sind, läßt die Vagabundage in dieser Gegend nach, aber was ist das anders als ein Hetzen des Wildes nach einer anderen Gegend? Jeder Personalwechsel ist sofort unter dem großen Vagabundenheer bekannt. Wo ein scharfer Landrat, ein scharfer

Richter, ein scharfer Landarmenhaus-Direktor versetzt wird; oder wo augenblicklich die Orte und Gegenden sind, da man sich für die Winterzeit am vorteilhaftesten verhaften lassen kann, um sein Winterquartier zu beziehen, das alles sind unter diesen Leuten schnell verbreitete Ereignisse. Zu einem strammen Landarmenhaus-Direktor werden ein paar erfahrene Strolche eingebracht. Er verwundert sich höchlich, wie sie dazu kommen, sich in sein wegen der strammen Zucht berüchtigtes Landarmenhaus einliefern zu lassen. Sie bekennen unverfroren: „Ja, wir hatten uns geirrt, wir glaubten schon über die Grenze zu sein und haben ein Dorf zu früh gebettelt," (natürlich mit der gehörigen Frechheit, um sich verhaften zu lassen). Diese Sorte läßt sich verhaften, wo sie Lust hat und so oft sie Lust hat, und bleibt frei, so lange sie will und wie es ihr gut dünkt. Ich werde seit 4 Jahren von einem solchen vagierenden Strolch mit Schmähbriefen verfolgt, der etwa jede 3 Monat aus einem andern Orte Deutschlands schreibt und der offenbar nie verhaftet wird. Es ist neulich erst ein Fall konstatiert, daß ein solcher Mensch über 40 Jahre nacheinander nur vom Betteln gelebt hat und nie verhaftet worden ist, während die nicht geriebenen Anfänger oft bei der ersten Gelegenheit dem Strafrichter in die Hände fallen.

Und das ist eben das Schreckliche, daß bei dem bisher beliebten System der prinzipienlosen Unterstützung der unschuldige Anfänger in die Gesellschaft dieser raffinierten Bösewichter gestoßen wird, unter welcher sich viel gefährlichere Subjekte befinden, als in den Zuchthäusern Das ist in den Lebensläufen unserer Wilhelmsdorfer das Ergreifendste zu sehen, wie von Schritt zu Schritt der Weg abwärts in diese degradierte Gesellschaft hineingeht, einerlei ob auf der Landstraße und in der Vagabundenherberge oder im Gefängnis und Landarmenhaus. Man kann sich des tiefsten Mitleids gegen solche Unglückliche nicht erwehren, noch auch des Ingrimmes über unsere sozialen Zustände, welche solche Früchte zeitigt. Ich behaupte kühnlich, daß die berüchtigten Greuel des Mittelalters mit ihren Hexenverbrennungen u. s. w. der Marter nicht gleichkommen, zu welcher jetzt zahlreiche Mitmenschen verurteilt werden, indem man sie erbarmungslos in diesen Schlamm ohne Gleichen hineinstößt, in welchem sie an Leib und Seele für Zeit und Ewigkeit verderben müssen. Das ist keine Uebertreibung. *)

Nun aber die Kehrseite der Sache: Denken wir uns, daß im ganzen Lande ein vollständiges Netz von Naturalverpflegungsstationen einge-

---

*) Siehe im Anhang „Blicke in die Vagabundenherbergen".

richtet sei, in welchem jedem Arbeitslosen ohne Unterschied und ohne Gegenleistung ausreichende Naturalverpflegung während der Zeit geboten wurde, wo er sich an den betreffenden Orten nach Arbeit umsieht. Was wird die Folge davon sein? Allerdings ist mit Gewißheit anzunehmen, daß dies System immerhin viel billiger sein wird, als das bisherige, wo ein zahlloser Schwarm berufsmäßiger Bettler einen größeren Ort anstatt 1 Tag 14 Tage und 3 Wochen heimsucht und dem Vagabundenwirte die Schnapspfennige zusammen kollektiert. Bei strenger Durchführung wird dieses System doch verhüten, daß Fluten von Branntwein für nutzlos weggeworfene Pfennige vertrunken werden können. Auch werden die Gensdarmen stramm und fröhlich verhaften und die Richter stramm und fröhlich verurteilen, denn sie wissen ja nun gewiß, daß jeder Bettler ein mutwilliger Bettler ist. Dennoch aber wird sich dieses System nicht behaupten können. Es wird zu teuer werden. Die an den Thüren täglich und einzeln weggeworfenen Bettelpfennige rechnet man nicht, aber die regelmäßig durch Steuern erhobenen Gelder rechnet man genau, und so, wie es bisher den meisten Vereinen gegen Bettelei gegangen ist, die anfangs ausreichend unterstützten, dann aber wegen des Mißbrauches und des Mangels an Mitteln die Gaben reduzierten, damit also das Betteln wieder notwendig machten und so die ganze Sache wieder aufgaben, ebenso wird es hier bei den Naturalverpflegungsstationen sicherlich auch kommen, wie das in Württemberg bereits zum Teil geschehen ist.

Aber die Geldfrage ist die geringste Seite der Sache. Es wird durch solche ausreichende Unterstützung ohne Gegenleistung doch auch der Leichtsinn unterstützt werden. Manche losen Gesellen, die sich jetzt schon nicht aufs Sparen legen, werden ohne Sorgen ihre letzten Pfennige durchbringen und ihre alten Meister leichtfertig verlassen, wenn es ihnen nicht gefällt, da ja das Wandern nun so gänzlich ungefährlich geworden ist. Man kann ja ohne Sorge mit dem Gesetz in Kollision geraten, überall vollständig satt gefüttert weiter ziehen, so oft und lange man will. Wenn jetzt die guten Elemente um der vielen schlechten Elemente willen leiden müssen, so wird es dann das umgekehrte sein. Es werden, um den guten Elementen kein Unrecht zu thun, die schlechten straflos auf der Faulenzerbahn erhalten und auch eine neue Kategorie von Tagedieben erzogen werden. Jetzt, wo nur in ganz vereinzelten Kreisen und Gegenden Naturalverpflegungsstationen bestehen, sind diese natürlich noch unbequemer, als die, wo das ganz freie Bettelwesen noch blüht und der Branntwein noch ungehindert fließt. Wenn aber das ganze Land organisiert ist, so

wird man auf diesem Wege auch den ganzen Schwarm böswilliger Faul=
lenzer zu ernähren haben, die sich schließlich auch in diese neuen Umstände
schicken und die schon Mittel und Wege finden werden, auch daneben
ihren Schnapspfennig zu erlangen.

Man sagt freilich, es soll ja nicht ohne Unterschied in der Ver=
pflegungsstation verpflegt werden, sondern die freie Verpflegung soll nur
den Würdigen und Bedürftigen zu teil werden. Es liegen eine Anzahl
Entwürfe für Verpflegungsstationen vor uns, nach welchen einerseits die=
jenigen ausgeschlossen werden, welche schlechte oder gar keine Papiere haben,
und ebenso diejenigen, welche in den letzten 3 Monaten keine Arbeit ange=
nommen haben, oder die vor Ablauf von 3 Monaten auf derselben Station
wieder erscheinen, und ferner die, welche selbst noch Mittel besitzen. Aber
gesetzt, daß die Abweisungsgründe in allen Fällen richtig festzustellen wären,
was ja nicht der Fall, so wird doch durch die Abweisung dieser Kategorieen
von Reisenden auf der Stelle das ganze System an dem wundesten
Punkte durchlöchert. Es können dann ja sofort diese Abgewiesenen an
den Thüren behaupten, man hat mich weggeschickt, ich muß hungern und
muß darum betteln, und wenn diese Behauptung sich schon aus den
Statuten als auf Wahrheit begründet erweist, mag der Mann nun schuldig
oder unschuldig sein, so hat damit die Bevölkerung auch wieder ein gutes
Recht, an den Thüren zu geben, und es werden auch die in den Ver=
pflegungsstationen bereits Unterstützten nach Kräften weiter betteln. —
Das ist sicher. Denn weit schwieriger noch als der Kampf mit
der Vagabundage ist der mit der diese leichtsinnig unter=
stützenden Bevölkerung. Wenn nicht immer wieder und wieder in
den öffentlichen Blättern der Wahrheit gemäß mitgeteilt werden kann,
jeder Hilflose ohne jede Ausnahme bekommt auf unseren
Stationen vollkommen satt zu essen, um die nächste Station ohne Betteln
erreichen zu können und wenn es sein muß, auch Nachtquartier, so ist die
ganze Sache vergeblich und der an dieser einen Stelle geschaffene Riß
wird die ganze Organisation binnen kurzem wieder in Fetzen reißen.

Ferner ist es aber auch geradezu unmenschlich, einem Menschen, weil
er nachweislich seit 3 Monaten nicht gearbeitet hat, keine Unterstützung
zu gewähren, während derselbe in diesem Augenblick um Arbeit bittet
und sofort den Beweis zu liefern bereit ist, daß er gerne arbeitet.*)

---

*) In dem Lebenslaufe eines Wilhelmsdorfers, der längst bewiesen hat, daß
Arbeit ihm eine Herzenslust ist und den wir um seines ausdauernden Fleißes willen
gerne ganz in unserer Kolonie behalten und der gleichwohl viel länger als drei
Monate nacheinander im Lande umhergelaufen ist, weil in seinem Handwerk durchaus

Die versammelten Landräte eines ganzen Regierungsbezirkes haben einstimmig bezeugt, es sei nutzlos, auf dem Lande Arbeiternachweisebüreaus anzulegen, weil die Landleute solche arme Reisenden doch nicht nehmen könnten. Nur selten versteht ein solcher etwas von landwirtschaftlicher Arbeit. Unter unsern Wilhelmsdorfern waren im vergangenen Jahre nur etwa 3 pCt. landwirtschaftliche Arbeiter. Der einzelne Landmann ist auch gar nicht in der Lage, einen armen Menschen gründlich zu reinigen, noch ihn zu einer passenden Arbeit anzuleiten, und wenn dies schon auf dem Lande nicht geht, wie viel weniger ist namentlich bei Winterzeit in den Städten Arbeit zu erbitten, wo die Bürgermeister die höchste Not haben, die eingesessenen Armen zu beschäftigen. Was ist es also für eine That, einen Menschen zu bestrafen, welcher nicht gearbeitet hat, wenn man ihm in demselben Augenblick die erbetene Arbeit nicht giebt; und wie will man vollends ergründen, ob ein Mensch noch die nötigen Mittel hat oder nicht, um sich selbst zu beköstigen? Wer kann jedem Einzelnen die Taschen oder gar die Stiefel u. s. w. untersuchen? Viele Hausväter bezeugen, daß auf öffentliche Kosten vorzugsweise solche unterstützt worden sind, welche selbst Mittel genug zu ihrem Unterhalte gehabt haben und die außerdem die Meister in der Stadt, welche Gesellen bedürfen, nicht besuchen, ja deren angebotene Arbeit auch nicht annehmen.

Darum ist es absolut der einzige Ausweg, aus dieser Not herauszukommen, die Forderung einer Arbeitsleistung für jede Un-

---

keine Beschäftigung zu finden war, und ihm niemand sonst Arbeit geben wollte, nachdem er bereits abgerissen war, heißt es: Meine Mutter schrieb mir: „Bete und arbeite" und ich — mußte lachen. Beten soll ich und arbeiten will ich, aber Arbeit giebt mir niemand. Heute, wo ich endlich die lang gesuchte Arbeit fand und ruhig urteilen kann und mit dankerfülltem Herzen zu dem hinaufschauen, der mich auf meinen Wegen so gnädig geführt, muß ich sagen: Es ist wirklich eine harte Sache, wenn man gezwungen ist zu reisen, weil sich nirgends Arbeit bietet, und es ist eine falsche Behauptung, daß Vagabunden nicht arbeiten wollen. Außer mir wird es noch viele geben, die lieber um des nötigen Essens willen gearbeitet hätten, als daß sie sich der Verachtung der Menschen aussetzen. Und wenn einer noch so viel Ehrgefühl in sich hat und nicht gerne betteln will, so wird durch die Wirte dafür gesorgt, und die Behörden erteilen die Konzessionen solchen ehrlosen Menschen, wie diese Lumpenwirte meistens sind, die sich mit der Beherbergung der Handwerksburschen abgeben. Es ist unglaublich, was sogenannte Väter dieser Räuberhöhlen in dieser Beziehung leisten, auf welche Art und Weise Leute, die nicht betteln wollen, unterrichtet werden und man alle Hände in Bewegung setzt, die sogenannten Kinder geistig und materiell zu verderben. Aeußert einer den leisesten Wunsch, in die Kirche zu gehen, so fällt sofort der ganze Chor über ihn her und sucht ihn unter Anleitung der Wirte von dieser Absicht abzubringen.

terstützung von jedem Arbeitsfähigen; damit ist die Qual der Auswahl zwischen Würdigen und Unwürdigen zu Ende gebracht. — Man mag ja immerhin auch die Papiere nachsehen und Listen führen. — Man kann bei zweifelhaften Subjekten größere Vorsicht brauchen, mehr und schärfere Arbeit verlangen, aber man weist niemand ab, der arbeiten will. Freilich muß es entschlossene, tüchtige Arbeit sein. Hierin zu wenig zu fordern ist keine Barmherzigkeit. Wie sollen die Kolonieen angestrengte Arbeit fordern können, wenn man auf den Landstraßen eben so gut ohne Arbeit leben kann? Wie sollen die Arbeiterkolonieen einen erziehlichen Einfluß auf unser Volk üben können, wenn die Wahl freisteht, hier zu arbeiten oder dort zu faullenzen? Die arbeitslosen Reisenden haben es so eilig nicht, darum ist es für sie eine Wohlthat, arbeitend einmal etwas länger am Ort bleiben zu können. Wie soll es auch möglich sein, die Verpflegungsstationen und Herbergen auf der nötigen sittlichen Höhe zu erhalten, wenn in denselben, namentlich in Winterzeit viele Stunden lang ein Faullenzer auf den Bänken umherliegt, der es sich auf fremde Kosten wohlschmecken läßt.

Schon jetzt zeigt auch die Erfahrung, welch ein großer Unterschied in bezug auf die Kosten es macht, ob ein Ort mit Verpflegungsstation ohne Arbeitsleistung oder gegen Arbeitsleistung ausgerüstet ist. Es liegen leider bisher nur eine geringe Zahl Angaben über diesen Punkt vor. Wir lassen einige derselben hier im Auszuge folgen, die nach verschiedenen Seiten von Interesse sind:

Aus Gotha, wo schon seit Juli 1882 ein Holzstall eingerichtet ist, heißt es: „Der Erfolg ist ein kaum glaublicher. Die Scheu der eigentlichen Vagabunden vor dem Arbeitsstalle ist so groß, daß die Zahl der Zuwandernden in den 6 Wintermonaten von September 1881 bis Februar 1882 durchschnittlich um 200 monatlich geringer geworden ist als früher.*)

„Es ist in diesem ganzen Winter nicht mehr als für 50 Mark Holz

---

*) Es muß hier bemerkt werden, daß Gotha zunächst nur diejenigen arbeiten läßt, welche den Nachweis nicht bringen können, auch nur einmal in den letzten drei Monaten in ehrlicher Arbeit gestanden zu haben; alle andern haben ohne Arbeitsleistung ihre gewöhnliche Unterstützung bekommen. Es wird hier also, gerade denjenigen, die am schuldigsten sind, die größte Liebe bewiesen denn gegen Arbeitsleistung unterstützt zu werden ist ja viel barmherziger und ehrenvoller als ohne Arbeitsleistung Almosen annehmen zu müssen. Wenn man nicht allen helfen kann, mag man so den Anfang machen. Aber zu billigen ist dieses Prinzip nicht. Wie viel Faullenzer und Betrüger unterstützt Gotha noch ohne Arbeit. Der obige Nachweis ist nur zu leicht auf betrügerischem Wege zu erlangen.

gespalten worden und trotzdem war die Ersparnis des Vereins gegen Hausbettelei eine außerordentliche. Es wurden vom Juli 1881 bis Februar 1882 durchschnittlich ohne Arbeitsleistung 267 Mark ausgegeben, im folgenden Jahre, vom Juli 1882 bis Februar 1883, durchschnittlich 148 Mark. Also in diesem Jahre, wo der Holzstall eingerichtet war, betrugen die monatlichen Ausgaben 119 Mark weniger. Das Resultat des Holzstalles war also eine Abnahme von 200 zuwandernden Vagabunden und von 119 Mark Ausgaben in jedem Monat. Es kommt hinzu, daß die Belästigung für unsere Mitbürger durch bettelnde Vagabunden fast ganz aufgehört hat und nun die Herberge zur Heimat mit ihrem viel geprüften Hausvater wieder aufatmen und ihrem eigentlichen Zweck wieder gerecht werden kann. Der Ansturm der Vagabunden ist durch die Arbeitsstelle gebrochen." —

Aus Mettmann wird folgendes gemeldet: „Der hiesige Verein gegen Bettelei besteht seit 1876, hat aber seit Oktober 1881 die Einrichtung getroffen, seine Spende für Durchreisende an die Bedingung der Arbeitsleistung zu knüpfen. Die Arbeit besteht im Zerkleinern von Brennholz. Wir kaufen zu dem Ende eine Fuhre tannener Schwarten (Abfall von Tannenbrettern) aus einer Holzhandlung. Diese werden zersägt, in zolldicke Stückchen gespalten und in Bündel gebunden. Wenn wir für das Holz $1\frac{1}{2}$ Pfennig pro laufenden Fuß bezahlen und das zerkleinerte zu 5 Pfennig pro Bündel verkaufen, so kommen wir auf unsere Kosten für den Einkauf des Holzes und für die Werkzeuge. Das fertige Brennholz wird von hiesigen Haushaltungen gerne gekauft und zum Anzünden verwendet. Für die Beaufsichtigung kommt zu statten, daß ein Invalide und zuverlässiger Pflegling des Armenhauses, welches mit dem Amtshause angebaut ist, die Arbeit überwacht, während vom Amtsbüreau der Verkauf des Brennholzes vermittelt und nach vollbrachter Arbeit den Leuten die Anweisung auf freie Verpflegung in der Herberge gegeben wird. Die zu leistende Arbeit ist auf die Dauer von $1\frac{1}{2}$ Stunden bemessen. Für diese Arbeit bezahlt der Verein der Herberge 30 Pfennige*), wofür diese den Reisenden Nachtquartier und Frühstück liefert. Die Arbeit an dem Brennholz ist nicht hart, wer nicht sägen kann, kann spalten und wer zarte Hände hat, kann das zerkleinerte Holz in Bündel zusammenbinden. Die Liste der Durchreisenden weist beständig eine Anzahl Schneider, Uhrmacher, Goldarbeiter

---

*) Diese geringe Unterstützung ist nicht zu billigen. Man lasse drei Stunden arbeiten und gebe 50 Pfennige, damit der Reisende sich auch Abendbrod holen kann und dies nicht zu erbetteln braucht.

und andere Arbeiter auf. Das Resultat der Arbeitsforderung ist in bezug auf die Zahl der Passanten sehr günstig. Von 1876 bis 1881 gaben wir Nachtquartier und Frühstück ohne Gegenleistung und hatten durchschnittlich 300 Passanten pro Monat; dagegen hatten wir nach Einführung der Arbeitsleistung in den sechs Sommermonaten im Jahre 1882: 82, und während der Wintermonate 124 Durchreisende pro Monat. Diese reduzierte Zahl begreift aber nicht unsern ganzen Durchzug in sich. Die eigentlichen Bummler scheuen das Holzsägen und leben lieber aus eigenen Mitteln, während sich die ordentlichen Leute gerne zur Arbeit herbeilassen."

Der Hausvater aus Göttingen schreibt: „Jeder Reisende, der Unterstützung haben will, muß $^1/_5$ Meter Steine klopfen. Dafür bekommt er eine Anweisung auf 55 Pf. an die Herberge für Abendessen, Nachtquartier und Kaffee. Die Fremden kommen oft abends mittellos an, nehmen Abendessen und Kaffee auf Pump, klopfen am anderen Tage Steine und tragen ihre Schuld ab. Ohne Blutschwielen in den Händen geht es nicht ab, bis 10 und darüber. Eine große Tafel hängt außerdem in der Gaststube, auf welcher die Arbeit, welche es in der Stadt giebt, verzeichnet wird. Der Verein erteilt ohne Ausnahme an alle Fremde Anweisung auf Steineklopfen. Aber von 100 klopfen kaum 10 Mann. Etliche können nicht, viele wollen nicht." (Also nur $^1/_{10}$ der Reisenden wird hier unterstützt?)

Der Magistrat zu Uelzen: „Die Arbeit des Steinklopfens beaufsichtigt ein vom Verein angestellter alter Steinhauer, er erhält für die Aufsicht täglich 25 Pf. Die Reisenden haben 5 Kubikfuß ordnungsmäßig zu zerschlagen und erhalten für die Arbeit eine Anweisung auf 50 Pf., wofür sie in einer der Herbergen nach Belieben (?) Mittagbrot oder Abendbrot, Nachtlager und Kaffee bekommen. Der Herbergsvater hat sich verpflichtet, den Leuten keinen Schnaps auf eine solche Anweisung zu geben. Ob sie der Verpflichtung nachkommen, ist schwer zu kontrollieren. Die Arbeit des Steinklopfens ist aber für einige Handwerker schwierig und für ihr Geschäft hinderlich, es ist aber bei unseren Verhältnissen nicht thunlich, solchen eine leichtere Arbeit zu geben. Arbeitsunfähige erhalten eine Vereinsgabe von 20 Pfennig. Schwache Leute bekommen einen Teil der Arbeit erlassen, wenn sie nur Lust zur Arbeit gezeigt haben. Uebel sind diejenigen Reisenden daran, welche Sonntags kommen, da sie weder die 50 Pf. verdienen können, noch fechten sollen. Der Vorstand hat mehrfach erwogen, wie diesem Uebelstand abzuhelfen sei, ein Ausweg ist bislang nicht gefunden. (Der

Ausweg wäre doch leicht, nämlich, daß die Leute am Montag Morgen ein desto größeres Pensum nacharbeiten, sie haben ja Zeit dazu. Dies geschieht an **vielen** Orten, nicht nur in Göttingen, wie vorher gezeigt ist.) Was den Erfolg der Einrichtung der Arbeitsstellen betrifft, so ist derselbe als ein **über Erwarten günstiger** zu bezeichnen."

Der Hausvater in **Soest** läßt sich so vernehmen: „Versuche, die Anweisung an Arbeit zu knüpfen, sind gemacht, aber bisher immer gescheitert, bald fehlt die Arbeit, bald die Aufsicht. Ich muß auch den Grundsatz aussprechen: Wer nicht arbeiten will, der soll auch nicht essen. Aber es ist nicht jeder ein Faullenzer zu nennen, der eine ihm angebotene Arbeit ausschlägt, es kommt ganz darauf an, was es für Arbeit ist. Ein bestimmtes Quantum Steine klopfen, das wird für viele nicht schwer werden, für Tagelöhner, Maurer, Schmiede und alle, die harte Hände haben. Es kommen aber auch viele andere mit weichen Händen, und die auch in ihrem Geschäft später weiter arbeiten wollen, und die doch weiche Hände haben müssen, Schneider, Kürschner, Maler, Goldarbeiter. Würden diese auch nur eine Stunde Steine klopfen, so haben sie wunde Hände, und wer kein Geschick dazu hat, braucht 3 Stunden, um die Steine klein zu bekommen. Solche Menschen werden durch diese Arbeit schwer geschädigt, darum muß es **möglichst verschiedene Arbeit für die Arbeitslosen** geben." —

Dagegen berichtet der Ehrenamtmann von **Bockum-Dolffs** aus **Sassendorf**, einem großen Amtsdorfe an der Heerstraße von Soest nach Paderborn gelegen, „daß daselbst seitens der Mitglieder der Amtsversammlung eine Verpflegungsstation eingerichtet sei für **Mittagbrod, verbunden mit einer Arbeitsforderung**. Mit dem **Flurschützen** ist ein Kontrakt abgeschlossen, wonach derselbe jedem Durchreisenden gegen eine Vergütung von 40 Pfennigen ein gutes Mittagbrod zu reichen hat, dessen Güte durch die von den Mitgliedern der Amtsversammlung gebildeten Kommission regelmäßig revidiert wird. Die Arbeitsleistung besteht im **Zerkleinern von Wegebausteinen** für die Gemeinde Sassendorf und ist dadurch erleichtert, daß die zu dem Ende aufgerichtete Hütte gerade dem Hause des Stationshalters gegenübersteht. Jedoch wird **nicht ein bestimmtes Maß von Steinen** gefordert (wie in Göttingen und Uelzen), sondern nur eine **bestimmte Zeit**, wobei auf den Beruf der sich zur Arbeit Meldenden Rücksicht genommen wird. Es wurden nun im Monat Mai 44, Juni 46, Juli 27, August 23, September 21, Oktober 16 Personen beköstigt, zusammen 177 und dafür im ganzen Mk. 68 ausgegeben. Es war dies die einzige Ausgabe, die das ganze Amt zu leisten hatte. Da die Betreffenden, welche zarte Hände hatten, sich keine Blasen zu arbeiten brauchten, wenn sie überhaupt nur arbeiteten, so lag keine Unbarmherzigkeit in dieser Arbeitsforderung vor. Nach der Aeußerung des Ehrenamtmanns hat die Bettelei infolge dieser Einrichtung im ganzen Amte aufgehört, welches sonst in früheren Zeiten ganz besonders heimgesucht war."

Der Hausvater aus Saarbrücken schreibt: „Eine Gegenleistung wird von den Reisenden für das Geschenk nicht verlangt. — Wie wichtig dies aber ist, davon habe ich die eigene Erfahrung gemacht. Vor Jahren kam es fast allabendlich vor, daß Fremde da waren, die kein Schlafgeld hatten. Aus Mitleid hat man seitens der Herberge dasselbe armen Leuten erlassen, weil man nicht zum Betteln Veranlassung geben wollte. Die Sache wurde aber so stark, daß ich bald zu dem Grundsatze kam, keinem mehr das Schlafgeld zu erlassen. Jeder, der keins hat, muß am andern Tage dafür arbeiten. Ich habe schon Stein- und Düngerhaufen ganz unnötigerweise umsetzen lassen, weil keine andere Arbeit vorhanden war. Seit ich dies Prinzip verfolge, kommen oft lange Zeit keine Leute, die kein Schlafgeld haben."

Aus Greiz heißt es: Die Polizei hält selbst ein Arbeitsnachweisebureau und giebt denjenigen Reisenden, welchen Arbeit angewiesen werden kann, kein Stadtgeschenk. Diejenigen aber, welche ein Stadtgeschenk als Unterstützung erhalten, müssen dafür 1 Stunde Holz klein machen für die Stadtbehörde. Die Arbeit geschieht größtenteils von den Fremden gern, die nicht betteln mögen; von den Vagabunden aber wird trotzdem noch viel gebettelt, da die Stadt nur 20 Pfg. Unterstützung giebt. Immerhin werden durch diese Arbeit viele Faulenzer abgeschreckt." (Also halbierte Maßregel.)

Der Hausvater von Itzehoe: „Ich habe angefangen, arme Handwerker bei mir Reparaturen machen zu lassen. Viele gehen mich um Arbeit an bloß um die Kost und es thut einem an der Seele weh, nicht allen helfen zu können. Ich habe jetzt ein ziemlich großes Feld gepachtet zum Kartoffelbau; ebenso ist auch für Gartenland gesorgt. Alles lasse ich unter Aufsicht von Reisenden bebauen und bearbeiten, soweit ich es nicht selbst bestellen kann."

Aus Bonn wird gemeldet: „Die Reisenden erhalten nach einer Arbeit von 3 Stunden Holz klein machen ein Mittagessen in der Suppenanstalt und außerdem Nachtquartier, Abendbrot und Frühstück in der Herberge; also so viel, daß sie gut bestehen können, ohne betteln zu müssen." Das Holzkleinmachen ist eine Sache des Vereins der inneren Mission. Er läßt diese Arbeit in einem großen Schuppen ausführen, wo jeder Reisende ungehindert bei jedem Wetter die angewiesene Arbeit verrichten kann. Ein Stellmachermeister, der da in der Nähe wohnt, führt in der Arbeitszeit die Aufsicht und hält das Werkzeug, welches dem Vereine gehört, in gutem Zustande. Der Verein kauft das Holz auf seine Rechnung und verkauft es meist an seine Mitglieder. Von Juni bis November d. J. sind so 840 Centner Holz verarbeitet und ein Reingewinn von 372 Mk. erzielt worden. Es wird in Bonn nur Vormittags gearbeitet. Kommen aber des Nachmittags Fremde ohne Mittel zugereist, so kann der Hausvater schon im voraus Abendessen, Logis und Frühstück geben und er hält ihnen ihre Sachen und Papiere so lange in Verwahrung, bis sie am andern Tage ihre Arbeit vollendet und ihre Mittagessen eingenommen haben. Dies bekommen nämlich alle arme Reisenden in der Volksküche unentgeltlich. (Sie können also in Bonn einen ganzen Tag bleiben.) Nur solche Reisende werden zum Arbeitsplatz zugelassen, die keine Arbeit in der Stadt finden können. Die Arbeit geschieht von den Arbeitsuchenden sehr gern und schreckt alle Faulenzer ab. Letztere sagen, wir gehen lieber 3 Stunden betteln, als daß wir 3 Stunden arbeiten und erhalten leider auch an den Thüren mehr, als sie in dieser Zeit verdienen können. (Man kann in Bonn also noch beides, betteln oder arbeiten, da bisher nur ein Teil der Stadt der Organisation beigetreten ist.) Der Hausvater bezeugt aber, daß bei weitem die meisten der mittellosen Wanderer lieber arbeiten, als betteln."

Diesen mehr vereinzelten Bestrebungen gegenüber dürften folgende Mitteilungen über die einheitliche Organisation ganzer Kreise und größerer Städte von allgemeinem Interesse sein:

Der Landrat des Kreises Brilon erläßt folgende Bekanntmachung:

„Im Kreise Brilon werden am 1. November 5 Verpflegungsstationen für unbemittelte Reisende eröffnet, in welchen denselben gegen Abgabe von Marken unentgeltlich entweder Mittagessen oder Abendbrod, Nachtquartier und Frühstück verabreicht wird, und zwar in
   Medebach beim Wirt Franz Schmidt,
   Liesen beim Ackersmann Wilhelm Becker,
   Niedersfeld beim Tagelöhner Heinrich Hankeln,
   Brilon beim Wagner Heinrich Hüttis,
   Niedermarsberg beim Bergmann Friedrich Mühlenbein.
Die unbemittelten Reisenden, welche hiervon Gebrauch machen wollen, haben sich in Medebach bei dem Amtmann daselbst, für die Station Liesen-Hallenberg bei dem Amtmann in Hallenberg, für die Station

Niedersfeld bei dem Amtmann in Winterberg, in Brilon bei dem Bürgermeister daselbst, in Niedermarsberg bei dem Amtmann daselbst zu melden und erhalten von diesen Herren nach Prüfung ihrer Verhältnisse mittags eine Marke für Mittagessen, abends eine solche für Abendbrod, Nachtquartier und Frühstück. Diese Marken sind sodann in der betreffenden Verpflegungsstation abzugeben.

Diese Einrichtung ist seitens der Kreisstände versuchsweise auf ein Jahr getroffen, damit unbemittelte, arbeitsuchende Reisende, ohne zu betteln, auf dem kürzesten Wege nach der Arbeiterkolonie Wilhelmsdorf gelangen können, wenn sie nicht unterwegs Arbeit finden. Die Stationen sind so gelegt, daß die Reisenden während des Vormittags, resp. des Nachmittags immer eine der nächsten Stationen auf dem Wege nach Wilhelmsdorf — von Brilon aus die Station Büren, von Marsberg aus die Station Fürstenberg im Kreise Büren erreichen können.

Die Kosten werden aus der Kreiskommunalkasse bestitten. Ein jeder Steuerpflichtiger des Kreises zahlt also für diesen Zweck seine Kreissteuer und unterstützt dadurch bereits die unbemittelten Reisenden. Jede weitere Gabe an Geld ꝛc. an die einzelnen Vaganten würde dem guten Zwecke dieser Einrichtung, das Betteln und Landstreichen zu verhindern, nur schaden und dieselbe undurchführbar machen.

Es braucht bei uns niemand mehr zu betteln und es ergeht daher hierdurch an jedermann im Kreise die Aufforderung, keinem fremden Reisenden gedachter Art mehr etwas zu geben, sondern denselben an die nächste Verpflegungsstation zu weisen. Den Rücksichten der Barmherzigkeit und Wohlthätigkeit ist dadurch entsprochen, daß alle armen Reisenden auf Kosten der Kreis-Eingesessenen genügend gespeist werden und für die Nacht gutes Unterkommen erhalten.

Jede weitere Gabe dient nur zu leicht zur Vermehrung des Schnapstrinkens, welchem in den Verpflegungsstationen, woselbst kein Branntwein eingebracht oder verabreicht werden darf, gesteuert wird, und befördert das Vagabundenwesen. Daher nochmals die dringende Aufforderung: grundsätzlich vom 1. November cr. ab keinem sogenannten armen Reisenden mehr Almosen in die Hand zu geben. Die Kreiseingesessenen sind jetzt berechtigt und verpflichtet, jedem sogenannten armen Reisenden, der vor ihren Thüren bettelt, zu sagen: „Geh nach der Verpflegungsstation, dort bekommst Du für unser Geld Kost und Logis."

Die Gensdarmen und sonstigen Polizeiorgane sind angewiesen, das Publikum in diesem Verfahren auf das Energischste zu unterstützen, und jeden, der trotzdem bettelt, zu arretieren und zur Bestrafung zu bringen." —

Der Landrat des Kreises Altena hat folgendes Statut seinen Kreisständen vorgelegt:

§ 1. Die sämtlichen Orts- resp. Gesamtarmenverbände des Kreises

Altena verbinden sich zum Zweck der Unterstützung armer Reisender zu einem Verein, welcher den Namen „Kreisverein Altena zur Unterstützung armer Reisender" führt und seinen Sitz in der Kreisstadt hat.

§ 2. Die Beschlußfassung über die Angelegenheiten des Kreisvereins erfolgt unter Vorsitz des Kreis=Landrats durch die Vorsitzenden der Orts=, resp. Gesamtarmenverbände in Generalversammlungen nach einfacher Stimmenmehrheit; bei Stimmengleichheit entscheidet die Stimme des Vorsitzenden. Abänderungen des Statuts, sowie Auflösung des Kreisvereins, können nur mit $2/3$ Majorität beschlossen werden. Die ordentlichen Generalversammlungen finden alljährlich einmal statt; der Ausschuß (§ 3) ladet dazu die Mitglieder schriftlich ein unter Mitteilung der Tagesordnung, ebenso beruft derselbe außerordentliche Generalversammlungen, falls 3 Mitglieder es schriftlich beantragen.

§ 3. Die Verwaltung wird geführt durch einen Ausschuß, bestehend aus dem Kreis=Landrat als Vorsitzenden und zwei von der Generalversammlung alljährlich zu wählenden Mitgliedern. Der Ausschuß vertritt den Kreisverein nach außen und gegenüber den Orts= resp. Gesamtarmenverbänden des Kreises, die Legitimation der gewählten Mitglieder wird durch ein Attest des Kreis=Landrats geführt.

§ 4. Die Unterstützung der armen Reisenden besteht lediglich in Kost und Nachtlager.

§ 5. Von dem Empfang der Unterstützung sind ausgeschlossen, Reisende, welche: 1. keine Legitimationspapiere besitzen (?); 2. aus den letzten 3 Monaten keinen beglaubigten Arbeitsnachweis liefern können (?); 3. die ihnen von dem Anweisungsbeamten (§ 8) angebotene Arbeit zurückweisen; 4. im Laufe der letzten 6 Monate mehr als einmal die Unterstützung empfangen haben (?); 5. im Besitz von Geld sind.

§ 6. Die Gewährung jeder Unterstützung ist **abhängig von der Leistung** einer dem Reisenden **zugewiesenen Arbeit**. Soweit von Privaten keine entsprechende Arbeiten angemeldet sind (§ 11), **müssen** Gemeindearbeiten geleistet werden, deren Art von dem Orts= resp. Gesamtarmenverbande mit Genehmigung des Ausschusses bestimmt wird.

§ 7. Zum Zwecke der Arbeitsnachweisung und Unterstützung werden I. folgende Stationen errichtet, in welchen Frühstück, Mittagessen Abendessen und Nachtlager verabreicht wird: Altena, Lüdenscheid, Plettenberg, Meinerzhagen, Kierspe, Halver, Herscheid, Neuenrade. II. folgende, in denen nur Mittagessen verabreicht wird: Wieblingwerde, Ohle, Dahle, Dresel, Werdohl, Valbert, Röhnsal, Hülscheid.

§ 8. **Anweisungsbeamte** sind in Altena, Lüdenscheid und Plettenberg die Bürgermeister, in den anderen Stationen die Vorsitzenden der Ortsarmenverbände; dieselben können sich mit Genehmigung des Ausschusses durch geeignete Persönlichkeiten vertreten lassen.

§ 9. Die Unterstützung wird auf Grund einer Bescheinigung des Privaten, resp. der Ortsbehörde, daß der Reisende die ihm zugewiesene Arbeit **wirklich geleistet hat**, mittels gedruckter Karten an=

gewiesen, welche lauten auf: Frühstück, Mittagessen, Abendessen und Nachtquartier in der betreffenden Station. Die Erteilung der Anweisung wird in die Legitimationspapiere mit dem Datum eingetragen.

§ 10. Die Anweisungsbeamten haben mit einem zuverlässigen Wirt oder einer anderen geeigneten Persönlichkeit einen Vertrag über die Verabreichung der angewiesenen Unterstützung abzuschließen, in welchem demselben die Einführung der von dem Ausschuß festzustellenden Hausordnung auferlegt und die Verabreichung geistiger Getränke an die ihm zugewiesenen Reisenden untersagt wird bei einer Konventionalstrafe von 5 Mark in jedem Fall der Zuwiderhandlung. Die Verträge mit den Herbergsvätern bedürfen der Genehmigung des Ausschusses. Die Anweisungsbeamten haben die vertragsmäßige Erfüllung genau zu kontrollieren.

§ 11. In den Blättern des Kreises hat der Ausschuß von Zeit zu Zeit Bekanntmachungen dahin zu erlassen: Daß die Einwohner dringend gebeten werden, an arme Reisende nichts mehr zu verabreichen, da für dieselben durch die Unterstützungsstationen hinlänglich gesorgt sei. Sie möchten die Reisenden an die Stationen verweisen, auch daselbst anmelden, wenn sie Arbeit für solche Reisende hätten.

§ 12. Das Amt als Vorsitzender, Mitglied der Generalversammlung und des Ausschusses, sowie als Anweisungsbeamter ist ein **unbesoldetes Ehrenamt**.

§ 13. Als Rendant fungirt der Kreissekretär und falls derselbe das Amt ablehnt, ein von der Generalversammlung zu wählender Kassenbeamter gegen eine Entschädigung von 1pCt. der Gesamtausgaben.

§ 14. Freiwillige Beiträge, welche für Kreisvereinszwecke von einem Ortsarmenverband gesammelt werden, oder ihm sonst zugehen, fließen zur Vereinskasse; sie werden jedoch dem betreffenden Verbande auf die Kostenrente (§ 15) gutgerechnet, wenn sie mindestens die Hälfte der letzteren betragen.

§ 15. Die von den Ortsarmenverbänden auf Anweisung des Ausschusses vorzuschießenden Kosten werden am Schluß des Rechnungsjahres (1. April) **auf die sämtlichen Verbände nach Maßgabe der in ihrem Bezirk aufkommenden direkten Staatssteuern verteilt.**

§ 16. Die Jahresrechnung wird, unter Benutzung der von den Anweisungsbeamten monatlich einzuliefernden Nachweisungen, von dem Rendanten aufgestellt, von dem Ausschuß geprüft und der Generalversammlung zur Decharge vorgelegt.

§ 17. Die zur Ausführung dieses Statuts erforderlichen Instruktionen erläßt der Ausschuß.

Die **Armendeputation der Stadt Soest** erläßt folgende amtliche Bekanntmachung:

Zur Unterstützung der dürftigen Durchreisenden wird für das laufende Etatsjahr **eine kleine Steuer von 10 Pfg. pro M. 3,00 Klassen- und Einkommensteuer erhoben werden.** Mit den dadurch gewonnenen Mitteln wird nunmehr dafür gesorgt, daß denselben eine ausreichende Pflege, sowie Nachtquartier zu teil wird. Da ferner die Arbeiter-Kolonie Wilhelmsdorf allen arbeitslustigen und arbeitslosen Männern Arbeit und Aufnahme gewährt, so fällt nunmehr für die hiesigen Einwohner jeder Grund weg, den Reisenden in den Häusern irgend etwas zu geben. Nur wenn konsequent jede Gabe, sei es an Geld oder an Naturalien und namentlich das sogenannte Meistergeschenk in den Häusern verweigert wird, kann erfahrungsmäßig der so gefährlichen Vagabondage der Boden entzogen werden, von welcher gerade unsere an der alten Heerstraße liegende Stadt ganz besonders heimgesucht wird. In den letzten Jahren sind jährlich 10 bis 12000 Reisende hier durchgezogen. Wir ersuchen daher aufs Dringendste, keine Gaben mehr an unbekannte Personen an der Thür zu verabreichen. Nur dann kann erreicht werden, daß dem eigentlichen Vagabonden mehr und mehr die Vagabondage verleidet, dagegen dem ordentlichen Wanderburschen geholfen wird und er von dem bösen Einfluß der sogenannten Stromer bewahrt bleibt. Alle unbekannten Bettler sind nach dem Rathause zu verweisen. Die Herren Arbeitgeber der Stadt bitten wir, etwaigen Bedarf an Arbeitskraft bei folgenden Herren anzumelden, nämlich für die Schuhmacher bei Schuhmachermeister Umbach; Metzger bei Metzgermeister H. Zurmühl; Tischler, Drechsler, Stellmacher, Böttcher, Zimmerleute, Holzbildhauer bei Schreinermeister Franz Spieß; Bäcker, Konditoren, Müller, Brauer bei Bäckermeister Schlupp; Schmiede, Schlosser, Eisengießer, Maschinenschlosser bei Schlossermeister Feldmann; Klempner, Gelbgießer, Formstecher, Zinngießer, Messerschmiede, Büchsenmacher, Kupferschmiede bei Klempnermeister Hernicke; Schneider, Kappenmacher bei Schneidermeister Evers; Buchbinder, Lithographen, Steindrucker, Schriftsetzer bei Buchbindermeister Beckmann; Maler, Glaser, Lackirer, Vergolder bei Anstreichermeister Burges; Gold- und Silberarbeiter, Uhrmacher bei Goldarbeiter Buse; Maurer, Steinhauer, Bildhauer, Dachdecker, Schornsteinfeger bei Maurermeister Schade; Barbiere, Friseure, Heildiener bei Friseur Schnabel; Cigarrenmacher, Tabakspinner bei Cigarrenfabrikanten Gebr. Groos; Gärtner bei Gärtner Böttger; Färber, Tuchmacher, Weber bei Färber Hoffmann; Kaufleute, Kellner, Schreiber, Buchhalter bei Rendant Steinkamp; Handarbeiter, Bergleute 2c. bei Kaufmann Oberwinter; Sattler, Gürtler, Gerber, Handschuhmacher bei Bandagist Glauner; Seiler, Bürstenmacher bei Seiler Born; Hutmacher bei Fabrikant Bernhard Stern. (Die Adressen der Meister sind genau nach der Hausnummer angegeben.)

Diese Verfügung der Stadt Soest ist nicht allein von Wichtigkeit wegen der Einigung, die hier erzielt ist in bezug auf die einzelnen Innungen und übrigen Arbeitgeber, sondern noch ganz besonders durch nachfolgenden Erlaß der Königl. Regierung zu Arnsberg, welcher einem früheren Bedenken dieser Regierung gegenüber den Bescheid des Ministers des Innern enthält, welcher die Ausschreibung einer Steuer für den Zweck der Unterstützung der armen Reisenden für zulässig erklärt, in Folge dessen die Stadt diese Steuer ausgeschrieben hat.

Dem Magistrat eröffnen wir in Verfolg unserer Verfügung vom 14. März d. J. — A. IV. 1230 — die Erhebung einer Kommunalsteuer zur Unterstützung hülfsbedürftiger Reisenden betreffend, auf die in der Sache an das Königliche Ober=Präsidium gerichtete Eingabe vom 15. April d. J. im Auftrage dieses letzteren, daß der Herr Minister des Innern, zufolge Erlasses vom 17. v. Mts., auch bei wiederholter Prüfung der Vorschriften in den §§ 66 und 52 der Westfälischen Städte=Ordnung keinen Grund hat dafür entnehmen können, den Beschluß einer Stadtgemeinde, für einen bestimmten kommunalen Zweck bestimmte Steuerbeträge einzuziehen, für unzulässig zu erachten, vorausgesetzt, daß diese Steuerbeträge auf sämmtliche Kommunal=Steuerpflichtigen nach demselben Maßstabe verteilt werden, nach welchem auch die Kommunalsteuern zur Deckung der übrigen Gemeinde=Bedürfnisse aufgebracht werden.

Außer den beiden Kreisen Brilon und Altena liegen aus dem ganzen Regierungsbezirk Arnsberg nur noch Berichte aus dem Kreise Dortmund vor, wonach der Kreistag 1500 M. zur Errichtung von Naturalverpflegungsstationen bewilligt hat, welche mit Arbeitsleistung verbunden sein sollen. Es sind hier nur 3 Verpflegungsstationen: Hörde, Schwerte und Lünen in Aussicht genommen.

Aus der Stadt Bochum berichtet der Oberbürgermeister, daß vom 1. Dezember an eine Arbeitsleistung von 2 Stunden unter Aufsicht, bestehend in Steineklopfen, von bedürftigen Reisenden gefordert und daß dafür vollständige Verpflegung geleistet werden soll. An den Eingängen der Stadt sind große Warnungstafeln aufgestellt, wonach jeder Wandernde an das Rathaus gewiesen wird, um nach geschehener Arbeitsleistung die Naturalverpflegung zu erhalten.

Aus dem Regierungsbezirk Münster liegt erst eine einheitliche Maßregel des Kreises Borken vor, wo die Städte Bocholt und Borken als Nachtquartierstationen und zwei kleinere Orte als Mittagbrodstationen ausersehen sind. Die Mittel werden hier von den Vertretungen derjenigen Gemeinden bewilligt, in welchen die Stationen liegen, sowie der Nachbargemeinden, welche keine eigene Stationen haben. Arbeit wird nicht gefordert. Erfahrungen sind noch nicht gesammelt, da die Einrichtung erst seit Ende November besteht.

Von ganz besonderer Bedeutung ist diesen noch ganz zersplitterten Versuchen gegenüber die einheitliche Organisation des ganzen Regierungsbezirks Minden. Hier sind durch die unausgesetzten Bemühungen des Regierungspräsidenten von Pilgrim im Laufe des letzten Jahres sämtliche

10 Kreise organisiert und zwar haben die Kreise Minden, Lübbecke, Büren, Herford, Warburg und Höxter die gesamte Unterstützung auf Kreiskosten übernommen.

In den übrigen Kreisen werden dieselben teils von einzelnen Gemeinden, teils von ganzen Aemtern, teils aber auch durch freie Vereinsthätigkeit und die bereits bestehenden Vereine gegen Bettelei aufgebracht. Es ist ein vollständiges ausreichendes Netz von Naturalverpflegungsstationen eingerichtet und der Bericht des Präsidenten schließt: Der Erfolg der vorher geschilderten Organisation ist im gesamten Regierungsbezirk ein durchaus zufriedenstellender. Die Vagabundage hat fast gänzlich aufgehört.

In Bezug auf die Forderung der Arbeitsleistung ist leider im ganzen Regierungsbezirk noch wenig Eingreifendes geschehen und daher die Kosten der Verpflegungsstationen jedenfalls höher, als wie sie auf die Dauer bleiben dürften, wenn die Sache Bestand haben soll.

Wir geben hier einen kurzen Auszug aus den uns vorliegenden Berichten:

Im Kreise Büren sind 6 Stationen eingerichtet und vom 1. Mai bis 1. November 675 Reisende mit Mittagbrod, 1571 mit Nachtquartier, Abendbrod und Frühstück verpflegt, wofür eine Summe von 1340 Mark ausgegeben worden ist. Der Kreis hat für 1883 und 1884 2850 M. für die Verpflegungsstation bewilligt; die Kreiseingesessenen versichern, daß sie jetzt von der Bettelei verschont bleiben.

Höxter hat in 4 Stationen vom 1. April bis 1. Oktober 621 Mittagbrodportionen und 1741 Nachtquartierportionen gereicht, wofür 1062 M. ausgegeben sind. Die Kosten werden nach Kreisbeschluß halbjährlich auf die einzelnen Gemeinden nach dem Maßstabe der Einkommen- und Klassensteuer repartiert.

Herford hat auch 4 Stationen und sind vom 1. April bis 1. November 330 Mittag- und 1800 Abendbrodportionen vergeben und dafür 944,90 M. bezahlt worden.

Minden hat 8 Verpflegungsstationen, 4 für Nachtquartier und 4 für Mittagbrod. Der Kreis hat auf 2500 M. bis 3000 M. jährliche Kosten für diese Stationen gerechnet. Nur in der Stadt Minden ist seit kurzem ein Holzstall eingerichtet und mit der Herberge zur Heimat verbunden. Von Mittagbrodstationen sind 4, sowie von den Nachtquartierstationen eine fast gar nicht benutzt und werden statt dieser 8 Stationen für die Zukunft nur 3 aufrecht erhalten werden.

Im Kreise Paderborn hat fast jede Gemeinde eine Verpflegungsstation eingerichtet, wie es scheint wenigstens 20 im ganzen; die Stadt Paderborn sorgt durch Vermittlung der evangelischen Herberge zur Heimat und ist im Begriff, daneben auch noch eine katholische Herberge einzurichten. Die Kosten zur Unterhaltung der Stationen werden von den einzelnen Gemeinden getragen.

Im Kreise Halle bestehen dreierlei verschiedene Systeme; zum Teil sorgen die Städte allein für sich, teils die Vereine gegen Bettelei, teils ganze Aemter.

Im Kreise Wiedenbrück bestehen 3 Stationen und werden die Kosten von Lokalvereinen aufgebracht, doch hat sich der Kreis verpflichtet, auszuhelfen, falls die Vereine nicht reichen.

Die Stadt Gütersloh allein bringt die Kosten durch eine sogenannte Vagabundensteuer (10 Pfennige vom Thaler der Klassen- und Einkommensteuer) auf. Von besonderem Interesse ist der letzte Bericht über diese Station, welche sich mit der Herberge zur Heimat in Verbindung gesetzt hat und durch diese allein alle Reisenden verpflegen läßt. Vom 25. April bis 30. November übernachteten 704 Personen in dieser Herberge, von welchen 463 seitens der Stadt unterstützt wurden und zwar 25 Pfennige für Mittagbrod und 50 Pfennige für Nachtquartier, Abendbrod und Frühstück. Auf dem Rathaushofe liegt ein Haufen klein zu schlagender Chausseesteine. In der ersten Zeit haben manche Burschen wacker geschlagen. Nachher wurde Ackerbau und Gartenbau mit der Herberge verbunden. Von der Zeit an fragt man wohl die Burschen, ob sie lieber auf dem Acker helfen wollten und Dünger zum Acker fahren oder Steine klopfen. Wenn vorher die Wanderer wenig Lust zum Fahren und Graben zeigten, so stieg diese Arbeit aber gerade in ihren Augen zur Lieblingsarbeit. Es ist sehr auffallend gewesen, daß dieselben lieber Dünger fahren, als Steine klopfen wollten. Auf dem Zettel, den sie auf dem Rathause bekommen und welcher der Herberge als Quittung dient, um am Ende des Monats die Vergütung einzufordern, steht: gegen 2 bis 3 Stunden Arbeit gut für 50 Pfennige. Meistens heißt es dann seitens des Hausvaters, ihr müßt so und soviel kleine Wagen Dünger oder Jauche nach dem Acker hinausfahren. Wollt ihr dies, so könnt ihr bis da und dahin fertig sein. (Also Akkordarbeit.) Ein alter Hausknecht beaufsichtigt die Arbeit. Meistens geschieht dieselbe ohne Murren. Unsere Kasse würde sich nicht so günstig stellen, wenn wir nicht eine Milchwirtschaft mit unserer Herberge verbunden hätten. Die Arbeit auf dem Acker kommt der Herberge zu gute. Leute, welche Sonnabends nach

Dunkelwerden kommen, müssen Montag arbeiten. **Dies ist ein Mittel, sie vom Sonntagswandern abzuhalten. Ohne Arbeit kommt keiner weg, der nicht selbst bezahlt.** In etwas mehr als 6 Monaten hat die Gesamtausgabe in Gütersloh für ihre sämtlichen Durchreisenden, zur Wanderschaft nach der nächsten Station vollständig ausgerüsteten Personen 215 Mark gekostet. Das ist also nur wenig über 1 Mark im Tage, während doch gerechnet werden konnte, daß sonst **mindestens in der Stadt 5 Mark** täglich zusammengebettelt wurden, ohne daß dadurch den Leuten irgendwie geholfen war. —

In den beiden Kreisen **Bielefelds**, das heißt: im **Stadtkreis** und **Landkreis**, ist eine Vereinigung in der Weise erzielt, daß der Stadtkreis seine bisherige **einzige** Verpflegungsstation, nämlich die Herberge zur Heimat hierselbst auch dem Landkreise zur Verfügung gestellt hat und seitens des letzteren zugesagt ist, die etwaigen Zuschüsse, welche für die in Bielefeld zugleich mit der **Nachtquartierstation** eingerichtete **Mittagbrodstation** nötig wären, aus seinen Mitteln zu ersetzen. Es hat sich nämlich ergeben, daß im ganzen Kreise Bielefeld **eine einzige Verpflegungsstation** durchaus genügt und mehr als eine vom Uebel ist (Wilhelmsdorf liegt bereits im Kreise Wiedenbrück). Von den benachbarten 4 Nachtquartierstationen ist Bielefeld höchstens 3 bis 3½ Stunden entfernt und also in einem halben Tagemarsch leicht erreichbar und darum eine Zwischenstation zum Mittagbrod überflüssig. Dagegen ward es klar, daß in einer Stadt von der Größe wie Bielefeld (30000 Einw.) es **nicht genügte, bloß einmal,** entweder Mittags oder Nachts zu unterstützen. Früher war es hier so: Wer Vormittags ankam und Mittagbrod erhielt bekam kein Nachtquartier, sondern mußte nach Tisch wieder fort. So schnell war es aber wenigen möglich sich Gewißheit zu schaffen, ob er hier Arbeit bekomme oder nicht und dann noch 3—4 Stunden weiter zu wandern. Daher wurde **notgedrungen** das Mittagbrod erbettelt, um Nachts bleiben zu können. Städte von der Größe Bielefelds müssen mindestens **einen ganzen Tag** Verpflegung gewähren; Städte über 80000 Einw. mindestens **2 Tage,** wie dies Stuttgart, Bremen und Hamburg auch thun. Es bestand in Bielefeld schon seit längeren Jahren ein Verein gegen Bettelei und da derselbe erklärte, seine Thätigkeit fortsetzen zu wollen und zwar mit der Modifikation, daß er vollständig **ausreichende** Verpflegung gewähren wolle an alle Mittellosen ohne Ausnahme, so lag kein Grund vor, eine Steuer auszuschlagen. Seit Mitte August ist nun in Verbindung mit der Herberge zur Heimat in ähnlicher Weise wie in Bonn durch den hiesigen Verein für innere Mission ein Holzstall ins Leben gerufen worden, in welchem für 1 Stunde Arbeit Vormittags Mittagsbrod, für 2 Stunden Arbeit Nachmittags Abendbrod, Nachtquartier und Frühstück verdient werden kann. Die von dem Verein gewährte Unterstützung für Nachtquartier, welche früher nur 15 bis 25 Pfennige, später 30 Pfennige und vom 15. November 1882 ab 40 Pfennige betrugen, sind seit der Einrichtung des Holzstalls auf 50 Pfennige, d. h. in Gestalt einer vollständig ausreichenden Natural=Verpflegung, erhöht worden. Dennoch stellt sich der merkwürdige Umstand ein, daß umgekehrt wie sonst mit der Erhöhung der Unter=stützung die Zahl der Unterstützten abgenommen hat. Während nämlich vom 1. Juli bis 1. November 1881 1940 Personen mit 25 Pfennige unterstützt wurden, waren es vom 1. Juli bis 1. November 1882 1628 bei 40 Pfennige und vom 1. Juli bis 1. November 1883 1454 Personen bei 50 Pfennige, also eine Abnahme von annähernd 500 Unterstützten.

Es hat in diesen 6 Monaten die ganze Verpflegung 578,85 M. gekostet und ist dies die Gesamtausgabe für Stadt= und Landkreis Bielefeld, also durchschnittlich weniger als die Hälfte von den Ausgaben der vorher angeführten Kreise, welche bisher ohne Gegenleistung unterstützten. Und dabei wird allgemein konstatiert, daß das Betteln im ganzen Kreise und namentlich in den sonst übel heimgesuchten Bauern=dörfern, die als Fettweide der Vagabunden galten, fast gänzlich aufgehört hat. Vor der Eröffnung Wilhelmsdorf hat der hiesige Verein bei den niedrigeren, nicht ausreichenden Sätzen von 15 und 25 Pfennig viel höhere Ausgaben gehabt. Vom 1. Juli 1879 bis 1. Juli 1880 sind 5707 Reisende mit 1881 Mk., vom 1. Juli 1881 bis dahin 1882 sind 6820 mit 2182 Mk. unterstützt worden und dabei wurde nicht allein im ganzen Landkreise, sondern auch bei vielen Mitgliedern des städtischen Vereins, der vor dem Betteln schützen wollte, weiter gebettelt, eben weil die Unterstützung nicht ausreichte. Es ist dabei auch das hinzuzufügen, daß Bielefeld nicht allein einer der volkreichsten Kreise des Regierungs=bezirks ist, sondern daß auch der größere Teil der ca. 2500 Pilger, die nach Wilhelmsdorf gewandert sind, auf dem Hin= oder Rückwege an der hiesigen Unterstützungsstelle verpflegt worden sind, und zwar hat der hiesige Verein in liberalster Weise auch sämtliche armen Reisenden, die am Sonnabend kommen, den ganzen Sonntag über und nicht wenige der in Wilhelmsdorf wegen Ueberfüllung Abgewiesenen 2 mal, sowohl auf der Hin=, wie auf der Rückreise unterstützt.

Eine richtige Herberge sollte überall ihren Wanderern, wenn sie bleiben wollen, Sonntagsruhe gewähren und sollte auch überall Gelegenheit bieten, so lange auszuruhen, bis man etwa seine Kleider wieder geflickt hat oder auch sein Hemd hat waschen lassen können, welches vom Sonnabend Nachmittag bis Montag Mittag doch möglich ist. Wie kann bei dem beständigen rastlosen Weitertreiben von Station zu Station, ohne Sonntag und Werktag zu scheiden, ein armer Mensch seine Sachen richtig in Ordnung halten. Wir haben gesehen, daß Gütersloh es auch so hält und in ganz Württemberg bringt man jetzt auf diese schöne Ordnung. Ja dort kommt die löbliche Sitte auf, die aller Nachahmung wert ist, daß solche arme Sonntagsgäste der Herbergen von freundlichen Meistern und anderen Menschenfreunden, Sonntag Morgens abgeholt, mit in die Kirche genommen und nachher zu Tisch geladen werden, auch wohl zum Abendbrod. Das hilft besser, als nach Gendarmen schreien.

Was die Holzstallarbeit anlangt, so haben im Bielefelder Holzstall täglich durchschnittlich 8 Personen gearbeitet und die Rechnung hat sich so gestellt, daß wir für jeden Holzstallarbeiter durchschnittlich einen Groschen an die Herberge haben abgeben können, (so viel war seine Arbeit wert), und dabei doch noch bis jetzt 68 Mark übrig behalten haben. Wir hoffen in Zukunft aber auf 2 Groschen Arbeitsverdienst der Reisenden zu kommen, wenn alles erst im Zuge ist. Es zeigt sich also auch hier, daß der Holzstall nicht nur eine äußerst barmherzige, sondern auch eine lebensfähige Einrichtung ist. Es ist auch keineswegs so, daß diese Arbeit von irgend einem Handwerksgenossen als degradirend angesehen wird. Es bekommt auch keiner in seine Papiere den früheren Stempel und die Anmerkung über Empfang einer öffentlichen Unterstützung; er hat ja gearbeitet und sich seine Verpflegung wenigstens zum Teil verdient. Darum ist der Holzstall ein abschreckendes Mittel nur für die liederliche Sorte, hingegen ein Anziehungsmittel für alle ordentlichen Leute. Wenn man bedenkt, daß früher durchschnittlich allein in unseren Anstalten täglich 15 fremde Reisende gegessen haben und mindestens im ganzen Kreise 60 arbeitslose Leute ihr Mittagbrod an den Thüren holten, so muß zugegeben werden, daß die also gebotene Hülfe eine sehr billige Hülfe ist; denn wenn früher diese 60 Arbeitslosen dem Kreise mindestens 60 M. täglich gekostet, abgesehen von allen Belästigungen und sonstigen sittlichen Schäden, die das Bettlerwesen mit sich bringt, so kommt der ganze Kreis jetzt mit einer Ausgabe von 4 Mark täglich aus, von denen aber mehr als 1 Mark von den Verpflegten selbst verdient wird. Seine Ausgabe beträgt also nur $1/20$ der früheren Kosten und dabei ist die ganze Bevölkerung von dem Druck befreit, entweder unschuldig Hungernde darben lassen oder mutwillige Bettler unnütz unterstützen zu müssen. Sie weiß gewiß, daß Niemand hungern muß, der arbeiten will; man kann jetzt jeden Bettler getrost abweisen, der Gendarm kann jeden Bettler frisch verhaften und der Richter jeden wegen Bettelns Verhafteten frisch verurteilen.

Ueberschauen wir nun die Resultate dieser leider noch sehr kurzen und lückenhaften Erfahrungen, so steht doch schon so viel fest:

Erstens ist ersichtlich, daß die Einrichtung eines vollständigen Netzes von Verpflegungsstationen sehr wohl ausführbar ist. Wenn ein Regierungspräsident durch wenige Beratungen mit seinen Landräten es in kurzer Zeit fertig gebracht hat, seinen ganzen Bezirk zu organisieren, (wenn auch immerhin noch manches an der Organisation reparaturbedürftig ist), warum sollten das nicht alle Regierungspräsidenten und Landräte unseres ganzen Staates fertig bringen? So viel bekannt, sind auch in Sachsen und Brandenburg schon ganze Bezirke organisiert. Es bedarf freilich eines immer wiederholten, kräftigen, liebreichen Druckes, des wiederholten Nachforschens und Anspornens von Oben her, um die Sache vorwärts zu bringen und im Gang zu erhalten; aber der Beweis ist geliefert, daß sie, mit Liebe und ganzem Ernst angegriffen, gelingt. Zugleich aber auch, daß nur da auf ein Gelingen zu hoffen ist, wo die Organisation seitens der Verwaltungsbehörde in die Hand genommen wird und die Mittel durch Steuern aufgebracht werden. Unser Regierungspräsident hat es in seinem pro memoria klar ausgesprochen, daß mit freien Vereinigungen zur Aufbringung der Kosten nichts zu machen sei. Der Landmann ist zu solchen freien Verpflichtungen nicht zu bringen. Gelingt es hie und da in einer Stadt, so ist dies eine sehr unsichere Hilfe, von dem zufälligen Fleiß und der Energie einzelner Personen abhängig und ist durch solche freie Vereinigungen der Städte die Verbindung mit den Landkreisen meist nur erschwert.

Zweitens ist klar erwiesen, daß es unvergleichlich billiger ist, den armen Reisenden gründlich zu helfen, als ihnen halbierte oder gar keine geordnete Unterstützung zu geben. Selbst dann, wenn die einzelnen Kreise bei dem Naturalverpflegungssystem ohne Gegenleistung im Jahre 2—3000 Mark ausgeben müßten, wie es nach den bisherigen Erfahrungen den Anschein hat, also pro Tag etwa 7 Mark, so würde dies keine unerschwingliche Ausgabe sein. Man denke doch, daß nach der geringsten Schätzung jeder bettelnde Reisende der Bevölkerung im Tage 1 M. abnimmt. Wenn nun bisher in einem Kreise durchschnittlich nur 7 mittellose Reisende zu erhalten gewesen wären, so ergäbe das für eine ganze

Provinz, wie Westfalen etwa 300 oder für das ganze Deutsche Reich etwa 6000. Wäre die Zahl der bettelnden Reisenden so gering, so würde kaum ein Klageton über Belästigung aufgekommen sein. Nun wird aber nach geringster Schätzung die Zahl zehnmal so hoch berechnet. Also ist freilich auch das Naturalverpflegungssystem ohne Gegenleistung, wenn es mit so geringen Mitteln auskommt, mindestens zehnmal billiger als die freie Bettelei.

Es ergibt sich aber drittens, daß die Verpflegung gegen eine Arbeitsleistung abermals etwa nur halb so teuer ist, als ohne Arbeitsleistung. Dem Stadt- und Landkreise Bielefeld hat ja trotz aller der verschiedenen Umstände, die ihm eine größere Belastung auferlegt haben, die Verpflegung gegen Arbeitsleistung nur 585 Mk. im halben Jahre gekostet. Erinnern wir uns, was Gotha, Bonn, Gütersloh, Mettmann für außerordentliche Resultate durch geforderte Arbeitsleistung erzielt haben, so ist nach der materiellen Seite hin kein Zweifel an der Richtigkeit dieses Prinzips.

Unvergleichlich wichtiger aber als der materielle Vorteil, welcher durch die Forderung der Arbeit erreicht wird, ist der sittliche. Bei der Herberge zur Heimat in Bonn, welche ja als Musterherberge den anderen vorangegangen, ist mir auch die Wohlthat des mit ihr verbundenen Holzstalls für das sittliche Wohl unserer Wanderer zuerst recht ins Licht getreten. In dem Lebenslaufe eines unserer Wilhelmsdorfer, der sich, nachdem er durch uns Stellung gefunden, seit Jahr und Tag trefflich hält, kommt insonderheit der Holzstall zu seinem Ruhm. Diesem Jünglinge, der Monate lang hoffnungslos auf der Landstraße umhergestoßen, auch bereits mehrere Mal verhaftet war, der eben so weit gekommen, daß er nur in der Verbitterung die Zügel will schießen lassen und sich dem breiten Strome der wilden Bettlerlaufbahn mit Bewußtsein preisgeben, wird in Bonn zum ersten Mal statt des verächtlichen und lieblos gereichten Stadtgeschenks die unverhoffte Wohlthat geboten, sich sein Nachtquartier wieder einmal selbst verdienen zu können. Im Holzstall schöpft er neuen Mut. Gerade diese Barmherzigkeit ist für ihn von entscheidender Wirkung, er gewinnt wieder Vertrauen zu der Menschheit und zu Gott und wendet sich von Bonn aus geradeswegs unserer Arbeiterkolonie zu.

Auch in Bielefeld sagte mir neulich eine mit armen Pilgern gut vertraute Persönlichkeit: Es weht hier eine ganz andere Luft, seit der arme Wanderer durch den Holzstall wieder ein ehrliches Stücklein Brod essen darf.

Es ist gänzlich unbegreiflich, wie die Gewährung einer solchen ehrlichen Arbeit als etwas Entehrendes von Seiten mancher Innungen angesehen wird.*) Es ist auch sehr erfreulich, daß man in Württemberg von solchen Aeußerungen, wie sie nach Nr. 24 der diesjährigen Armenblätter gebracht: „Arbeit verlangen für empfangene oder zu empfangende Almosen ist **unzweckmäßig, überflüssig und inhuman**", — in seinen neuesten Thesen über die Naturalverpflegung zu dem Satze übergegangen ist: **Wenigstens die Nachtverpflegung sollte, wo irgend durchführbar, an eine entsprechende Arbeitsleistung geknüpft sein.**" Einem arbeitsfähigen Menschen Arbeit geben, ist stets viel barmherziger, als ihm ein Almosen geben; ersteres hebt ihn, letzteres entehrt ihn. So gut es als ehrenwert angesehen werden muß, wenn ein arbeitsfähiger Mann, vielleicht aus einer besseren Stellung herabsteigend, in einer Arbeiterkolonie den Spaten in die Hand nimmt, anstatt die Mildthätigkeit in Anspruch zu nehmen, so muß es auch als eine **Ehre** angesehen werden, sich in den Arbeitsstätten der Verpflegungsstationen sein Brod verdienen zu dürfen. Darum darf das Arbeitsangebot auch nicht in erster Linie als Mittel gebraucht werden, um sich „**die Plage vom Halse zu schaffen**". Wenn diese Werkstätten von Segen sein sollten, so müssen sie vor allen Dingen, grade wie die Kolonieen auch als Stätten der Barmherzigkeit empfunden werden, welche jeden ehrlichen Wanderer nicht abstoßen, sondern anziehen. Auch wird die Ehre der Arbeit auf den Verpflegungsstationen umso mehr gewahrt, je mehr die Arbeitsleistung der gewährten Unterstützung gleichkommt.

---

*) An dieser Stelle möchte ich mich gegen vielfache Angriffe seitens der Innungen aussprechen, namentlich seitens der Schriftsetzer, welche ja am meisten für ihre Innungsgenossen thun. Es ist ja durchaus nicht gesagt, daß diejenigen Handwerker auf der Reise zur Arbeit gezwungen werden sollen, welche sich durch Erfüllung bestimmter Bedingungen das **Anrecht auf eine Unterstützung** seitens der Innung erworben haben. Diese haben ja die Mittel in der Hand, **ohne die allgemeine öffentliche Wohlthätigkeit** in Anspruch zu nehmen, sich nach Arbeit umsehen zu können. Ich wünschte nichts mehr, als daß sämtliche Innungen, ähnlich wie die Schriftsetzer, für ihre Berufsgenossen sorgten. In großen Städten würde dies ja auch möglich sein, in unzähligen kleineren Orten aber nicht, wo ein sehr starker Durchzug von Reisenden sich geltend macht und von jedem Handwerk nur einige Meister vorhanden sind. Hier ist es den Meistern nicht anders möglich, sich ihrer Pflicht zu entledigen, als daß sie sich der gemeinsamen Organisation anschließen. Unter keinen Umständen kann man es aber gelten lassen, daß **Arbeit eine Schande** ist. Wird doch behauptet, daß selbst Kaiser Alexander von Rußland und Lord Gladstone mit Vorliebe im **Holzstalle** arbeiten.

Man kann es der weit überwiegenden Zahl derer, die im Bielefelder Holzstall sich an die Arbeit gaben, anmerken, daß diese Arbeit ihnen nicht eine Last, sondern eine Lust ist; ja es stellen sich wider Erwarten eine ganze Menge ordentlicher Handwerker zu dieser Arbeit ein, die es offenbar nicht bedürfen, weil es ihnen angenehmer ist, zu arbeiten, als die langen Winterabende zu faullenzen.

Zu gleicher Zeit bietet dieses Arbeitsangebot die einzige Möglichkeit, die Herbergen auf der rechten sittlichen Höhe zu erhalten, wie wir dies schon bei der Herberge zu Gotha gesehen. Es ist schon vom Uebel, wenn ordentliche Reisende, die selber ihr Quartier bezahlen können und vielleicht schon Nachmittags um 3 Uhr eingetroffen sind, nun 6 bis 7 Stunden lang faullenzend auf der Bank liegen. Wenn aber nun vollends alles ohne Unterschied hier faullenzen kann, auch diejenigen, welche nicht arbeiten wollen, und doch auf öffentliche Kosten leben, so ist dadurch die Herberge in Gefahr, von ordentlichen Reisenden gemieden zu werden und sie muß ihre Kontrakte mit den betreffenden Behörden lösen, welche Verpflegung ohne Arbeitsleistung bieten. — Darum sind auch sämtliche Arbeitsforderungen in Bezug auf die Zeit der Arbeit nicht zu gering zu bemessen. Die armen Leute, welche bereits ganz mittellos sind, haben ja solche Eile nicht. Wenn sie dann wirklich an einem Orte etwas länger bleiben und sich auch ihr Mittagsbrod außer dem Nachtquartier noch hinzuverdienen dürfen, so ist das viel besser für sie, als wenn sie, wie ein gescheuchtes Wild, hastig von einer Station zur andern ziehen sollen. Auch können Herbergen und Arbeitsstätten viel eher lebensfähig eingerichtet und mit tüchtigen Leitern versehen werden, wenn die Reisenden gründlich arbeiten und etwas länger bleiben müssen. Wenige, aber sehr solide Herbergen ist das Beste für alle Teile. In der Regel sollte namentlich in Winterszeit Vormittags marschiert, Nachmittags und Abends (auch noch bei Laternenlicht) gearbeitet werden. —

Man sollte für eine gute Nachtherberge, wie Bonn es thut, nicht unter 3 Stunden Arbeit fordern, für Mittagbrod nicht unter $1\frac{1}{2}$ Stunden. Jede zu große Milde in diesem Stück wird sich als Unbarmherzigkeit erweisen, weil dadurch der Mißbrauch befördert und die ganze Sache in Frage gestellt wird. Denn schon jetzt lassen sich einzelne Faullenzer den milden Holzstall bei 2 Stunden Arbeit gern gefallen und auch manche, welche Geld genug haben, suchen ihn auf. Letzteres ist kein Schaden, wenn sie wirklich annähernd ihr Brod mit dieser Arbeit verdienen; wenn sie dieses Brod aber zu $\frac{3}{4}$ geschenkt bekommen, so ist es bedenklich. Die

Regel muß sein, daß das Brod auf der Pilgerstraße, wenn man den Marsch von Station zu Station hinzurechnet, eben so sauer verdient werden muß, wie in der Kolonie. Darum ist sehr zu raten, daß neben dem Holzstall oder anderen leichten Arbeiten auch eine Steinklopfbude bestehe, wie im Rathaushofe zu Gütersloh, für zweifelhafte, bald wiederkehrende Leute, und daß das Maß der Arbeit für solche verschärft wird.

Man denke sich nun das ganze Land mit solchen kleineren Arbeitsstätten versehen, die für einen Tag Arbeit gewähren; welche eine Entlastung und kräftige Hülfe namentlich zur Zeit eintretender größerer Arbeitsstockungen würde dieselbe den Kolonieen bieten. Man denke sich statt 10 oder 15 Arbeiterkolonieen zu gleicher Zeit 2—3000 solcher kleinen Arbeitsstätten, die doch auch dehnbar wären und wenigstens auf kurze Zeit in der Lage, 10 bis 15 Personen täglich Arbeit zu bieten und sie ehrlich zu erhalten. Welch ein Mittel, die Quellen der Verwilderung bei Zeiten zu verstopfen!

Freilich ist es auch notwendig, daß diese sämtlichen Arbeitsstätten nicht bloß in jedem Kreise, sondern in ganzen Provinzen, ja womöglich im ganzen Deutschen Reiche einheitlich eingerichtet werden. Möglichst gleichmäßige Arbeitszeit, möglichst gleichmäßige Verpflegung und innigste Verbindung der einen Station mit der andern. Es darf keine Station ihre Gäste so entlassen, daß es ihnen nicht möglich ist, die nächste Mittagstation oder die nächste Nachtherberge zu erreichen. Auch muß jede Station die Liste sämtlicher Nachbarstationen nebst Angabe der Entfernung auf einer Tafel aufgehängt haben, damit jedem Reisenden die Entschuldigung genommen ist, er habe die Nachbarstation und deren Entfernung nicht gekannt. Alle Stationen ohne Ausnahme müssen für die Sonntagsruhe sorgen und ihre Sonnabendgäste am Sonntage behalten; denn wenn die eine Station dies thun will und die nächste nicht, so ist die Sache schon wieder verdorben. Denn nur dann kann eine Station ihre Sonntagsgäste behalten, wenn ihre Nachbarstation dasselbe auch thut und ihr nicht auf den Sonntag zu den eigenen Gästen auch die ihrigen hinzuschickt. Namentlich aber muß völlige Einheit sein, daß nie und unter keinen Umständen ein Wirt als Stationshalter gewählt wird, der Branntwein reicht. Denn darin ist volle Gewißheit, daß keiner dieser Wirte seinen Kontrakt hält, den armen Reisenden keinen Branntwein zu reichen und auch nicht halten kann, und daß grade der Branntwein das eigentliche und kräftigste Dungmittel für die Vagabundage ist. Hat eine Station einen Wirt angestellt, von dem bekannt ist, daß er Branntwein schenkt, so kann diese

Station sicher sein, den doppelten und dreifachen Zuspruch zu bekommen, wie andere Stationen, in denen es keinen Branntwein gibt. Die bestimmten Erfahrungen darüber liegen vor.

Nun begegnet man freilich überall dem offenen Zugeständnisse gegenüber, daß die Forderung einer Arbeitsleistung der allein richtige Weg sei, der Einwendung: die Einrichtung einer solchen Arbeitsstelle mache zu viel Mühe, ihre erste Anlage zu viel Kosten. Man hofft von Monat zu Monat, dieselbe einzurichten, kommt aber zu keinem Ziel, gibt das von den Kreisen bewilligte oder gesammelte Geld zum großen Teil unnütz aus, die Zahler desselben werden müde und die ganze Sache kommt wieder ins Stocken.

Es ist wahr, daß die ersten Einrichtungen ein klein wenig Zeit, Nachdenken und auch etwas Kosten verursachen, aber die Not unserer Mitbrüder und die ihnen allein auf diesem Wege mögliche, gründliche Hülfe steht doch in gar keinem Verhältnis zu den Mühen und den Kosten. Man denke, daß solche kleine Arbeitsstätten in einem einzigen Jahr Tausenden helfen können. Die Einrichtung der Arbeiterkolonieen und deren Oberleitung, die ausnahmslos von freiwilligen Leuten in die Hand genommen ist, kostet auch einige Mühe und Opfer.

Der Bielefelder Holzstall, incl. einer kleinen Stube für unseren alten Holzstallaufseher und deren Einrichtung kostet uns ungefähr 1000 Mark; das ist am Ende nicht mehr, als was ein Theaterabend oder eine einzige glänzende Ballgesellschaft oder ein opulentes Diner in einer Stadt kostet. Sollte so viel nicht auch für darbende Mitbrüder aufzubringen sein, um sie von der Schmach des Almosennehmens und vor dem Versinken in den Schlamm des Bettlerlebens zu erretten? Und noch dazu verzinst sich solch Unternehmen mit 100 pCt. Als Holzstallaufseher wird jede Stadt einen siechen Greis finden oder einen Krüppel, den sie doch ernähren muß und der hier auch seine ihn beglückende Arbeit findet.

Nun wird freilich geklagt, daß nicht überall ein Holzstall einzurichten sei, weil vielfach zum Anmachen der Oefen Torf gebraucht wird; das ist freilich richtig, und ebenso, daß ein bestimmtes Quantum von geklopften Steinen, wie Göttingen und Soest zeigt, nicht immer ein barmherziges, sondern oft ein abschreckendes Mittel ist, und dies sollte die Arbeit nie sein. Allein das Beispiel von Sassendorf zeigt wiederum, daß, wenn nur nicht ein bestimmtes Quantum, sondern nur eine bestimmte Zeit und zwar nicht auf der Straße, sondern in einem geschlossenen Raume verlangt wird, auch dieses Mittel sehr wohl angewendet werden kann. Namentlich auf dem Lande für die wenigen Mittagbrodstationen

wäre auf diese Weise überall sicher zu helfen. Immerhin ist Steine=
klopfen gegen volle Verpflegung viel barmherziger, als das bloße
Almosengeben, oder gar das Verweisen auf die Bettelbahn. Durch
liebreiches Nachdenken werden sich aber auch andere Auskunftsmittel
finden. Auf dem Lande kann man um Arbeit nie in Verlegenheit sein. —
Wir sehen, daß der Hausvater von Gütersloh in seinem Garten arbeiten
und Dünger auf den entfernt liegenden Acker hinausfahren läßt und daß
andere Hausväter Komposthaufen umsetzen lassen. Es läßt sich auch
sehr wohl aus der abgekratzten Chausseeerde in großer Komposthaufen
aufsetzen, den die Reisenden selbst zusammenschieben und denselben später=
hin öfter umstechen und mit Jauche begießen können. Solch ein großer
Komposthaufen ist eine nie versiegende Arbeitsquelle, die ganz besonders
zu empfehlen ist. Unsere ländliche Bevölkerung wird viel lieber zu solchen
Stationen beitragen, an denen den armen Wanderern nicht bloß ein
Almosen gereicht, sondern auch die Barmherzigkeit eines selbst verdienten
Stückleins Brod gegönnt wird.

In den Städten läßt sich neben diesen gröberen Arbeiten, welche
denjenigen zugewiesen werden, deren Hände dadurch nicht verderben, auch
leichte Arbeit finden. Der Polizeirat Jagielsky in Königsberg, welcher
mit ganz besonderer Energie in seinem Büchelchen „die Ueberhandnahme
der Bettelei und ihre Bekämpfung" (Königsberg 1880) für die Beschaffung
von Arbeit an Stelle des Almosens eintritt, wendet sich an die Mit=
glieder des dortigen Antibettelvereins mit der dringenden Bitte, doch in Zukunft
der Stadtarmenverwaltung es allein zu überlassen, wie
sie sich ihrer Pflicht der Armenunterstützung entledigt und statt
dessen sich zum Zweck zu wählen, die Bettelei zu verhüten, indem
er das einzige Mittel dagegen, Arbeit, verschafft. Er wünscht,
daß die Vereine gegen Bettelei ihre Kräfte hinfort darauf verwenden,
„Erwerbshäuser" (das Wort Arbeitshaus, als anrüchig, wird wohl
absichtlich von ihm vermieden) einzurichten, in welchen in Sälen unter
besonderer Anleitung und Aufsicht die verschiedensten Arbeiten verrichtet
werden können und nennt beispielsweise: Nähen von Säcken, Anfertigung
von Düten, Schachteln, Wollzupfen, Federreißen, Wergzupfen, Verarbeiten alter
Korke zu Decken, Schneiden von Blumenstöcken, Auslesen von Erbsen, Sortieren
von Kaffeebohnen u. s. w. In der That würden die Vereine gegen Bettelei sich
ein unvergleichlich größeres Verdienst erwerben, wenn sie den Kommunen
und Armenvorständen die Unterstützung brodloser Fremdlinge allein über=
ließen und ihnen nur dadurch die Hand reichten, daß sie solche „Erwerbs=
stätten" zubereiteten, für deren Herstellung die freie Liebesthätigkeit ge=

eigneter ist, als der Staat mit seinen Organen. Welch ein Gewinn, wenn jede große Stadt oder jeder Kreis ein solches ehrliches Werkstättenhaus besäße, an dessen Wohlthat natürlich auch die Ortsarmen teilnehmen dürften.

Wenn sich doch der Wohlthätigkeitssinn bei Vermächtnissen und Schenkungen für die Armen, anstatt auf die Verteilung von Almosen, auf solche Arbeitsstätten richten möchte. Dann könnten viele Zwangsarbeitshäuser erspart werden.

In Dresden zeigte man den Mitgliedern des letzten Armenpflegerkongresses ein überaus prächtig eingerichtetes Haus, das über 800000 Mark gekostet, in welchen verschiedene sehr praktische Arbeiten ausgeführt wurden; darunter einen großartigen Holzstall, in welchem die Leute 1½ Mark täglich verdienten. Ferner wurden Kokosmatten geflochten, Stühle fabriziert, ein Metall für die Glasfabrikation geklopft. Für die Schwächeren war eine großartige Dütenkleberei eingerichtet, es wurden Tabaksblätter verlesen u. s. w. Alles war in luftigen prächtigen Räumen. Wir glaubten anfangs, daß das Haus auch solchen offen stände, welche in der äußersten Not vor der Schmach und vor der Strafe des Bettelns sich retten wollten, aber endlich kam das Eingeständnis, daß diese große Wohlthat nur von wirklich Bestraften und als Strafe in Anspruch genommen werden konnte. Für die noch Unschuldigen stand diese Stätte der Barmherzigkeit nicht offen.

Es wird nun eingewendet, wozu sind denn die freien Arbeiterkolonieen da, wenn jede Verpflegungsstation auch noch Arbeit bieten soll; dann sind erstere ja überflüssig. Gewiß nicht! Sie sind die Asyle für die, welche des Wanderns müde sind und der Regel nach ist die Stunde der Einkehr in die Kolonie dann ganz von selbst gegeben, wenn ein armer Pilgrim merkt, daß seine Kleider ihm zerreißen und die Schuhe von den Füßen fallen. Er weiß wohl, daß zugleich mit den zerrissenen Kleidern auch die Hoffnung auf Arbeit immer mehr schwindet. Abgerissene Leute nimmt Niemand. Denn dagegen müssen wir uns entschieden aussprechen, daß in den Verpflegungsstationen Kleider und Schuhe gereicht werden, das ist unmöglich und sehr gefährlich. In verschiedenen Statuten für Verpflegungsstationen hat man solche Kleiderverteilungen vorgesehen und dabei als Sicherungsmittel verlangt, daß für die guten Kleider stets die schlechten zurückgelassen werden müssen.

Das bietet aber bei dem professionellen Vagabunden nicht die geringste Sicherheit gegen den Mißbrauch; er wird sofort auf der nächsten Station bei dem Vagabundenwirt seine guten Kleider wieder gegen Lumpen auszutauschen wissen und die Differenz wird sicher dem Branntwein gehören. Dies ist schon vielfach erprobt und dieses Kunststück kann er überall wiederholen, wo ihm Kleider gereicht werden. Freilich werden durch die Einrichtung guter Herbergen und richtiger Verpflegungsstationen die Kleider viel länger reichen als bisher, wo sie in der Not nur zu schnell versetzt werden mußten und das Mittel hergaben, für welches der Wirt aufs zuvorkommendste Branntweinschulden machen ließ, bis der Neuling zum Betteln richtig angeleitet war. (Siehe unten „Blicke in die Vagabundenherbergen".) Grade die ernste Arbeit, die auf den Verpflegungsstationen verlangt wird, ist nebst den zerrissenen Kleidern das Mittel, zur rechten Zeit die Wanderer zum Aufsuchen der Kolonie zu bewegen, ehe ihnen das Wanderleben zur anderen Natur wird. Man überlege doch noch einmal: **Angestrengte Arbeit in der Kolonie, und draußen sorgenloses Wandern mit voller Verpflegung und sogar mit Kleiderverteilung ohne Arbeit.** Wie kann da dem professionellen Faullenzer die Wahl zweifelhaft sein? Und was nützen solche Vorsichtsmaßregeln: „Wer innerhalb 3 Monaten wiederkommt, kriegt nichts." Wenn ganz Deutschland mit ein paar tausend Verpflegungsstationen übersäet ist, kann der intelligente Stromer 7 Jahre reisen, ohne zur selben Stelle wiederzukehren. **Also Arbeit in den Kolonieen, Arbeit in den Verpflegungsstationen.** Sonst wird dieser ganze Versuch zur Lösung der Vagabundenfrage binnen kurzem unfehlbar wieder zu Grabe getragen.

Ein weiterer Punkt, der nach den bisherigen Erfahrungen als fest ausgemacht gelten kann, ist dieser: **Der kleinste Kommunalverband, der sich zur Einrichtung von Verpflegungsstationen zusammenschließen kann, ist der Kreis.** Leider besteht in diesem Punkte in Westfalen noch die größte Verschiedenheit, wohl mehr aus Not als aus Ueberzeugung.

Wie wir gesehen, haben in 8 westfälischen Kreisen die Kreisstände die Kosten der Stationen auf Kreiskosten übernommen; in einem Kreise hat sich die Kreisvertretung als Reserve hingestellt für den Fall, daß die freie Thätigkeit nicht ausreicht; in 4 Kreisen haben die Kreisvertretungen ganz abgelehnt, die Verpflegung auf Kreiskosten zu übernehmen und ist dieselbe teilweise von den noch bestehenden Anti-Bettelvereinen, teils von ganzen Aemtern, teils von den einzelnen Gemeinden ganz zersplittert übernommen worden. Die Städte Gütersloh und Soest haben für sich allein die Steuer ausgeschrieben, ohne die umliegenden Landgemeinden einzuschließen. Von Paderborn kommt soeben die gleiche Nachricht.

Die zweijährige Erfahrung Württembergs hat bereits gezeigt, daß eine Einrichtung von Verpflegungsstationen in jeder einzelnen Gemeinde nicht durchzuführen ist; einmal darum nicht, weil dies bei diesen kleinen Entfernungen dem Mißbrauch Thüre und Thor öffnet, zum andern, weil so viele kleine Stationen gar nicht lebensfähig sind. Jede Station erfordert doch immer einen Aufwand von persönlicher Hingabe. Jede bedarf mindestens 2 Personen, den Anweisungsbeamten und den Stationshalter und wenn's möglich ist, auch den Aufseher für die Arbeitsleistung, wiewohl des letzteren Amt auf dem Lande nach Umständen dem ersten oder zweiten Amte beigefügt werden kann. Die Schwierigkeit ist aber sehr groß, die rechten Personen zu finden. Hat eine Station fast gar nichts zu thun, so kann der Stationshalter desto schlechter auskommen und seinen Verpflichtungen nicht nachkommen. Die gewöhnlich gereichte Suppe ist meist so dünn, daß die Pilger unter Zustimmung der Steuerzahler vielfach doch noch betteln müssen. Eine ganze Anzahl Württemberger Reisenden berichten, daß eine Menge dieser ganz kleinen Stationshalter, da sie nichts anderes bei der Hand gehabt, einfach zur Branntweinflasche als Verpflegungsmittel zurückgekehrt sind. In einem Ort war der Wirt der Anweisungsbeamte; seine Frau hatte die Verpflegungsstation. Er reicht der Frau das Billet, sie schenkt ohne ein Wort zu fragen dem Reisenden das Branntweinsglas voll. Auf diesem Wege sind viele kleine Gemeinden mißbraucht und betrogen worden. Württemberg hat doppelt so viel gebraucht als nötig, wegen der viel zu zahlreichen Stationen und der vielen schlechten Stationshalter.

Wenn im Landkreise Bielefeld kein einziges der vier Aemter eine Naturalverpflegungsstation bedarf, indem diejenige in der Stadt für den Stadtkreis eingerichtete vollkommen für jene mit ausreicht; wenn im weitläufig gelegenen Kreise Mindens bereits verschiedene Aemter, welche solche eingerichtet hatten, dieselben wieder haben fallen lassen, weil sie nicht benutzt werden, so ist es klar, daß auch die Einteilung nach Aemtern nicht möglich ist. Ein einzelnes Amt, auf welches sich die Hauptlast eines Kreises legt, wird sich hüten, dauernd für die andern zu zahlen. Es kommt hinzu, daß einzelne Aemter viel schwerer zu dieser Organisation zu bringen sind als die gesamten Kreisvertretungen. Wenn ein Landrat erklärt, ich habe die einzelnen Aemter aufgefordert, Verpflegungsstationen einzurichten — alle wollten, aber der eine Amtmann wollte nicht; zwingen kann ich ihn nicht — wie die Württemberger Erfahrung zeigt —, so ist damit die ganze Organisation des Kreises zerstört.

Und wenn ein anderer Kreis die Sache so einrichten will, daß diejenigen Gemeinden, welche keine Verpflegungsstation haben, die Nachbargemeinden unterstützen, welche eine solche haben, so ist es wiederum ganz und gar unmöglich), hierbei eine gerechte Einteilung zu treffen. Man hat es ja nicht in der Hand, wo hinaus die Reisenden sich wenden, und welche Station viel und welche wenig kostet.

Wenn z. B. der Landrat des Kreises Büren meldet, daß von seinen Verpflegungsstationen Salzkotten 1183 Reisende verpflegt hat, während in derselben Zeit Fürstenberg 143 und Atteln 17 verpflegte, wie ist es da möglich, Gerechtigkeit walten zu lassen, wenn jedes Amt oder gar jede Gemeinde für sich selbst sorgen soll und der Kreis nicht die gesamten Kosten übernimmt? Was wird das für ein Schieben der Reisenden von einer Station zur andern werden, um sich zu entlasten? Es liegt im Interesse jeder Gemeinde, möglichst die dünnste Suppe zu kochen, um den Strom von sich abzulenken, und damit ist das Betteln wieder sanktioniert. Es steht darum fest, daß der kleinste Kommunalverband, der für Verpflegungsstationen auf die Dauer möglich ist, der Kreis ist. Nur dann können wirklich gute, vollständig eingerichtete, mit guten Arbeits=stellen versehene und fleißig beaufsichtigte Stationen eingerichtet werden. Mittag= und Nachtquartierstation ist möglichst oft zu ver=einigen. In Westfalen werden wenige Kreise über 3 Stationen be=dürfen.*) Sind die Verbände in anderen deutschen Staaten noch größer, desto besser. Es wird dann die Verteilung der Lasten eine noch gerechtere werden.

Große Verschiedenheit der Ansichten herrscht auch darin, wer unter=stützt werden soll, ob alle ohne Ausnahme, die hilfsbedürftig sind, oder ob Unterschiede nach den Papieren, nach der Zeit der Arbeits=losigkeit, der Wiederkehr auf dieselbe Station 2c. gemacht werden sollen, gerade wie bei den Anti=Bettelvereinen. Sobald man kräftige Arbeits=leistung fordert, fallen alle diese Nöte hin und damit zugleich die ver=derblichsten aller Maßregeln, das einfache Wegstoßen hilfsloser Leute aus diesem oder jenem Grunde auf die Bettlerstraße. Nur in einigen Statuten ist es klar ausgesprochen, daß in den Fällen, wo man den Bittsteller nicht unterstützt und auch keinen genügenden Grund hat, ihn als krank oder arbeitsunfähig dem Ortsarmenverbande zuzuweisen, es das einzig Richtige ist, ihn dann auch sofort verhaften zu lassen und ihm auf diese Weise

---

*) Die Hauptstraße von Berlin nach Köln durch den Regierungsbezirk Minden bedarf nur folgender Stationen: Minden (Nachtquartier), Oeynhausen, 15 Kilom. (Mittagbrod), Herford, 15 Kilom., (Nachtquartier und Mittagbrod), Bielefeld, 15 Kilom., (Nachtquartier und Mittagbrod), Gütersloh, 18 Kilom., (Nachtquartier und Mittagbrod) — also keine Station unter 15 Kilom., dafür sind aber auch alle Nachtquartiere in den Herbergen zur Heimat mit guter Verpflegung und ohne Schnaps.

sein Obdach und sein Brod anzuweisen. Ein anderer Ausweg ist für eine Behörde, bei der sich der Hilflose meldet, geradezu ein Verbrechen; denn man zwingt ja dann den so abgewiesenen Hilflosen, ein Verbrechen zu begehen, und da ist der Urheber doch mindestens ebenso schuldig als der Verbrecher selbst. Eine solche Verhaftung ist aber doch wohl nur dann geboten, wenn der Bittsteller die ihm angebotene Arbeit abweist, oder wenn man in ihm einen verfolgten Verbrecher oder mutwilligen Bettler erkennt, der die Naturalverpflegung ohne Not mißbraucht.

Was die Prüfung der Papiere unserer armen Pilger angeht, so wird nach meiner Meinung auf diese jetzigen sogenannten „Fleppen", die ja erfahrungsmäßig in großartiger Weise fälschlich fabriziert werden, zu viel Zeit und Mühe verwendet. Auch das Abstempeln **dieser** Papiere nach erhaltener Verpflegung ist für fleißige Leute, **die sich ihre Verpflegung selbst verdienen**, überflüssig und nicht heilsam, da ein **Makel** darin liegt. Der bekannte Stempel V. G. B. (Vereine gegen Bettelei) wird von ihnen „**Vagabund**" gelesen. — Doch bin ich nicht der Meinung, daß in diesem Stück gar nichts geschehen sollte. Im **Gegenteil!** Wie zur Arbeit, so sollte auch **zur Führung ordentlicher** Legitimationspapiere seitens der Naturalverpflegungsstationen eine kräftige Erziehung stattfinden. Man kann hierin der Gesetzgebung getrost vorangehen. Das obligatorische Arbeitsbuch hat ja in seiner früheren Handhabung auch sein Bedenkliches. — Auch ordentliche Leute würden dadurch mehr belästigt, als nötig. Das Arbeitsbuch muß so eingerichtet sein, daß es von jedem ordentlichen Arbeiter nicht als eine Last, welche zu allen nur denkbaren Quälereien führt, sondern als ein wertvoller Schatz, der wirklich Nutzen bringt, angesehen wird. **Nichts ist leichter**, als solch ein Arbeitsbuch mit Hilfe der Naturalverpflegungsstationen einzuführen.

Ich erlaube mir folgenden Vorschlag zur ernstlichen Prüfung vorzulegen: Jeder Reisende, der öffentliche Naturalverpflegung in Anspruch nimmt, kann sich ein Arbeitsbuch gegen eine außerordentliche Arbeitsleistung von 2—3 Stunden verdienen; doch kann dasselbe auch für etwa 30 Pfennig käuflich erworben werden. Dasselbe ist in jeder Kreisstadt zu haben. In dasselbe wird auf der ersten Seite das **vollständige Signalement** des betreffenden Reisenden nach seiner eigenen Angabe und vorhandenen Papieren ohne viel Umstände eingetragen und gleich in einer Anmerkung darunter bemerkt, daß, falls diese Angaben, welche auf dem Landratsamte oder Bürgermeisteramte gemacht sind, falsch sein sollten, das ganze Buch nicht nur konfisziert wird, sondern der Inhaber desselben der Bestrafung, wegen Hintergehen der öffentlichen Behörde, anheimfällt. In

dieses Buch darf sich jeder Reisende auf jeder Station, auf der er ge=
arbeitet hat, ein Zeugnis über sein **fleißiges** Arbeiten und sein **gutes**
Verhalten eintragen lassen, indessen liegt dazu auch keinerlei **Zwang** vor.
Wer indessen kein Arbeitsbuch führt, muß auf jeder Verpflegungsstation
nicht nur ½ Stunde länger arbeiten, sondern wenn verschiedene Arbeiten
vorliegen, wie Steineklopfen und Holzkleinmachen, wird ihm jedenfalls die
schwerere Arbeit zugeteilt; und wenn kein Raum in der Herberge, muß
er zuerst vor Andern auf Stroh oder auf der Bank schlafen. Dasselbe
tritt ein, wenn er zwar ein Arbeitsbuch besitzt, aber in demselben sich
eine Lücke befindet, aus welcher hervorgeht, daß er eine Zeit lang über=
haupt nicht gearbeitet hat, oder sich bei schlechtem Verhalten **kein** Zeug=
nis hat eintragen lassen. Ebenso, wenn das letzte Zeugnis schlecht lautet.
Jede Arbeit, ob sie auf der Verpflegungsstation oder bei einem Meister
oder sonstigen Arbeitgeber geschieht, gilt selbstverständlich gleich und ist
also dies Arbeitsbuch **für alle Verhältnisse** zu brauchen. Die=
jenigen, welche auf eigene Kosten reisen, dürfen sich dies auch in den
Stationen und Herbergen bezeugen lassen, und gilt dieses als besondere
Auszeichnung, welche stets **die ersten Ansprüche** in den **Herbergen**
erwirbt. Durch solche Zeugnisse kann der ehrliche Arbeiter stets beweisen,
daß er nicht auf böser Bahn gewandelt ist, wenn er auch längere Zeit
ohne Arbeit war. Das Arbeitsbuch gewährt ferner den Vorteil, daß,
wenn ein Reisender in eine Kolonie eintritt und sein Buch in guter
Ordnung und ein Zeugnis seines vergangenen Fleißes ist, ihm die ersten
14 Tage Probezeit erlassen werden können und er sofort in den Verdienst
der älteren Arbeiter eintritt. Ebenso werden Besitzer solcher Bücher bei
eintretender Arbeitsgelegenheit **zuerst** berücksichtigt, während die Leute
ohne längeren, sicheren Arbeitsnachweis in den Kolonien sich erst das Ver=
trauen durch längere, fleißige Arbeit verdienen müssen. Es liegt auf der
Hand, welch große Erleichterung sämtlichen Anweisungsbeamten der Ver=
pflegungsstationen sowohl, als auch den Vorständen der Arbeiter=Kolonien
durch die Einführung solcher regelmäßigen Arbeitsbücher gewährt wird,
welche jetzt erst durch die allerschwierigsten Ermittlungen sich über die
Persönlichkeiten und die Vergangenheit ihrer Pfleglinge Klarheit ver=
schaffen können. Die Einführung dieser Bücher könnte ohne Gesetzgebung
mit einem Schlage durch ganz Deutschland in Gang kommen, falls nur
von oben her dieselbe allen Behörden empfohlen wird. Es handelt sich
ja nur um die Bedingung einer zu gewährenden **freien Wohlthat**.
Der Wert dieser Bücher wird von Monat zu Monat wachsen, weil mit
der Zeit jedes Buch für die sichere Legitimation des Inhabers einen größeren

Anhalt gewährt. Hoffentlich werden sich durch diese Anregung auch diejenigen Handwerker, welche keine öffentliche Hilfe bedürfen, solche Bücher anschaffen, welche nur Vorteile und keinerlei Belastung mit sich bringen und für die Stunde der Not sofort von bedeutendem Werte sind.

Aus verschiedenen landrätlichen Berichten und Statuten geht hervor, daß man die Verpflegungsstationen lediglich als Stationen nach den Arbeiter=Kolonien, und zwar für Vagabunden bestimmt, ansieht, ein Irrtum, der schon so vielfach bekämpft worden ist. Die Verpflegungs= stationen gehören mindestens zu fünfsechstel ehrlichen armen Reisenden, in noch unzerrissenen Kleidern, die noch gar nicht in eine Arbeiter=Kolonie gehören, weil sie berechtigte Hoffnung haben, in ihrem Beruf außerhalb derselben Arbeit zu finden. Sie sind darum dahin zu legen, wo am meisten Arbeit zu hoffen ist und wo naturgemäß der größte Verkehr herrscht. Die Richtung nach den Arbeiter=Kolonien braucht nicht im mindesten ins Auge gefaßt zu werden, die ist von selbst da, wenn alle Kreise organisiert sind.

Völlig unverständlich ist der Beschluß der Kreisvertretung des Schweinitzer Kreises in der Provinz Sachsen. Derselbe bewilligte mit 23 gegen 1 Stimme 1000 M. zur Unterstützung der sächsischen Arbeiter= Kolonie, und mit 19 gegen 5 Stimmen die Kosten von 5 Verpflegungs= stationen in demselben Kreise, aber mit folgender Resolution:

„Nachdem die meisten Kreise der Provinz Sachsen bereits die beantragte Unterstützung der Arbeiter=Kolonie Sayda, sowie die Gelder für die Unterhaltung der Naturalverpflegungsstationen bewilligt haben und die übrigen Kreise dieser Bewilligung jedenfalls folgen werden, glaubt der Kreistag, diese Bewilligung zunächst auf ein Jahr gleichfalls nicht entziehen zu können. Er geht dabei von der Erwägung aus, daß die Einrichtung einer Arbeiter=Kolonie nach dem Wilhelmsdorfer Muster bei der jetzigen Lage der Gesetzgebung und vom praktischen Christentum aus gerechtfertigt ist. — Die Naturalverpflegungsstationen hält er dagegen nur für die Gegenwart gerechtfertigt, um den jetzt vorhandenen Vaga= bunden die Möglichkeit zu bieten, unbestraft nach Sayda zu gelangen. Er hält es aber im direkten Gegensatz mit dem praktischen Christentum, wenn für die Dauer und für die nach= wachsenden Vagabunden diese Einrichtung allgemein beibehalten würde. Der Kreistag ist deshalb bei Bewilligung dieser Gelder vom praktischen Gesichtspunkte ausgegangen. In Gemeinschaft mit den übrigen Kreisen hat die Provinz auf dem geschlossenen Gebiete einer ganzen Provinz durch die auf Naturalverpflegungsstationen gewährte Unterstützung für die gesetzgebenden Faktoren den statistischen Nachweis zu liefern, wie groß die Zahl der Vagabunden in einer Provinz ist und wie sich der Prozentsatz der hiervon in Sayda Arbeitsuchenden stellt,

damit dann gegen die Arbeitsscheuen in Folge Aenderung der Ge=
setze eine strengere Bestrafung, resp. eine Verurteilung zur Zwangsarbeit
herbeigeführt werden kann.

**Sollte eine solche Aenderung nach Beschaffung des
statistischen Materials nicht eintreten, so wird der Kreis=
tag in der Folge erwägen, ob er nicht seine Gelder zu
besseren Zwecken als zu Naturalverpflegungsstationen
zu verwenden haben dürfte."** —

Bei dieser ganzen Auffassung tritt der Irrtum in den Vordergrund,
als ob die Verpflegungsstationen, sowie die Kolonien lediglich den Vaga=
bunden gälten und nicht vielmehr dazu da wären, vor dem Ver=
sinken in das Vagabundentum zu hüten. Allerdings wünschen
wir auch dringend eine **strengere** Bestrafung der **wirklichen** Vaga=
bunden, wie im folgenden Abschnitt näher aufgeführt wird; aber wer ein
wirklicher Vagabund und professioneller Schnapsbettler ist, kann ja alle=
zeit nur durch die Verpflegungsstationen und Arbeiter=Kolonien festgestellt
werden. Was kann die **Gesetzgebung** dagegen thun, daß nicht Arbeits=
stockungen eintreten und immer wieder Tausende unschuldige Leute plötz=
lich bei den eintretenden Ebben auf das Pflaster gesetzt werden. Wie
konnte beispielsweise die deutsche Gesetzgebung es hindern, daß im letzten
Jahr in Amerika großartiger Eisenbahnschwindel getrieben ist, der
auch die hiesige Eisenbahnindustrie krankhaft in die Höhe trieb und daß
nun bei eingetretener Krisis auch hier im Rheinland und Westfalen die
plötzliche Ebbe eintritt, die Tausende von ehrlichen Arbeitern beim Ein=
bruch des Winters auf die Straße stellt? — Sind diese Tausende darum
Vagabunden, weil sie Arbeit suchen müssen? Aber viele können es in
einem Winter werden, wenn man nur durch Gensdarmen für sie sorgt.
Ich fragte neulich unseren Hausvater von Wilhelmsdorf, wie er im ganzen
seine Kolonisten ansehe, und nach einigem Besinnen meinte er, daß doch
mehr, als die Hälfte brave, liebe Jungens wären, die es ganz ehrlich
meinen. Nun diese alle sind doch ober auch in höchster Not auf dem
Pflaster gewandert! Wie aber sollen diese vor dem Betteln gerettet werden
in der Zeit der Arbeitslosigkeit, wenn es nicht durch Verpflegungsstationen
geschieht? Die Arbeiter=Kolonien können kaum $^1/_{10}$ derselben aufnehmen.

Im direkten Gegensatze zu obigen Anschauungen stehen diejenigen des
Verfassers der Statuten für die braunschweigischen Naturalverpflegungs=
stationen (Regierungsrat Langerfeld). Er sagt:

„Nach dem Reichsgesetze über den Unterstützungswohnsitz (§ 28)
und dem über die Freizügigkeit (§ 6) unterliegt es keinem Zweifel,
daß jedem Hilfsbedürftigen von derjenigen Gemeinde, in deren

Bezirke er sich bei dem Eintritte der Hilfsbedürftigkeit befindet, Obdach und der unentbehrliche Lebensunterhalt gewährt werden müssen. Ob der Betreffende seßhaft oder vagierend ist, ob er mit oder ohne seine Schuld in hilfsbedürftiger Lage sich befindet, das macht vor dem Gesetze überall keinen Unterschied, die Hilfsbedürftigkeit allein ist Voraussetzung für die Bethätigung der den Gemeinden obliegenden Unterstützungspflicht. Die Gemeinden handeln also gesetz- und pflichtwidrig, wenn sie dem hilfsbedürftigen armen Reisenden Obdach und unentbehrlichen Lebensunterhalt nicht gewähren und ihn dadurch indirekt zwingen, den durch das Gesetz verbotenen und mit Strafe bedrohten Weg des Bettelns zu betreten; sie würden schon allein von den Landespolizeibehörden — ohne daß damit gegen § 50 des Landesgrundgesetzes verstoßen würde — im Wege der Verwaltung dazu angehalten werden können, ihre bezüglichen Verpflichtungen zu erfüllen, und es wäre doch schließlich nur eine Frage der Politik und Zweckmäßigkeit, ob man etwa diesem außergewöhnlichen Notstande des grassierenden Bettler- und Landstreicherunwesens gegenüber es für zweckmäßig oder geboten erachten müßte, ein ähnliches Stationensystem einzurichten, wie der Statutentwurf es in Aussicht nimmt.

Aber ein solches rein polizeiliches Vorgehen würde immerhin etwas — sit venia verbo! — Anrüchiges haben. Die von Polizei wegen aus der Ortsarmen- oder Gemeindekasse dem armen Reisenden gewährte Unterstützung würde eben zu sehr den Charakter einer polizeilichen Maßregel haben und diejenigen Menschen, welche es mit den Vorschriften des Christentums und selbst der puren Menschlichkeit ernst und streng nehmen, würden sich dadurch der Bethätigung der — wenn auch oft genug falsch verstandenen — Pflicht des Erbarmens und der Wohlthätigkeit nicht für überhoben erachten. Damit auch dies der Fall sei, muß vielmehr jeder Einzelne zu dem Werke mit herangezogen werden, er muß selbst mit steuern zu einer Einrichtung, zu welcher auch der gewissenhafteste und peinlichste Mensch das Zutrauen haben kann, daß dem Notleidenden das, was er bedarf, sicher und so reichlich verabfolgt wird, daß er dabei ohne Betteln bestehen kann; es muß jedem Einzelnen durch Erhebung einer ganz ausdrücklich zu diesem Zwecke bestimmten Abgabe (einer „Kreisabgabe") zu Gemüte geführt werden, daß er an seinem Teile zu der Unterstützung der fahrenden Leute mit beiträgt.

So ergibt sich die Notwendigkeit, daß die Verpflegung der armen Reisenden nicht von freien „Vereinen gegen Bettelei", nicht von den Polizeibehörden als solchen, sondern von der Gesamtheit der Bevölkerung in die Hand genommen werde. Und da nun einmal die dem Menschen innewohnende vis inertiae es erheischt, daß selbst zu guten Werken immer ein gewisser Zwang geübt wird, so wird es sich empfehlen, daß die bezügliche Initiative in diesem Falle von denjenigen Verbänden ausgeht, welche die gesamte Einwohnerschaft auch in anderen als rein polizeilichen Beziehungen mit einem gemeinsamen Bande umschließen: den Kreis-Kommunalverbänden."

Und an einer andern Stelle:

„Ist die Naturalverpflegung armer Reisender zur Abwehr der Wanderbettelei eine Kreis=Kommunal=Angelegenheit? Von vornherein gewiß nicht, denn es geschieht ihrer in der Kreisordnung vom 5. Juni 1871 keine ausdrückliche Erwähnung. Schreiber dieses findet aber kein Bedenken dagegen, daß sie durch ein Kreisstatut dafür erklärt wird, denn diese Angelegenheit scheint ihm die Interessen aller Gemeinden des Kreises, bezw. aller Kreisangehörigen und das gemeine Wohl doch sehr nahe zu berühren (Kreisordnung § 6): die Einrichtung einer geordneten Naturalverpflegung der armen Reisenden dürfte doch wohl unter die gemeinnützigen Einrichtungen und Anstalten zu rechnen sein, durch deren Herstellung und Erhaltung die Gesamtwohlfahrt der Kreisangehörigen und Gemeinden gefördert wird" (§ 38 Abs. 1); und selbst unter die in § 39, 4 erwähnten sonstigen gemeinschaftlichen Anordnungen zur Fürsorge für die Armen innerhalb der Bestimmungen des Bundesgesetzes über den Unterstützungswohnsitz vom 6. Juni 1870 und der dazu erlassenen Ausführungs=Vorschriften wird die kommunale Naturalverpflegung nach Stationensystem zu rechnen sein, obwohl an diese beim Erlasse der Kreisordnung noch nicht gedacht worden ist."

Von ganz besonderer Wichtigkeit sind die vorstehenden Auslassungen eines erfahrenen Gesetzeskenners und Verwaltungsbeamten darum, weil hier einmal klar ausgesprochen ist, daß die Unterstützung arbeitsloser Reisender **auf Grund des Gesetzes** gefordert werden könne und daß höchstens darin ein Zweifel besteht, ob die Verpflichtung, welche zunächst der Gemeinde aufliegt, dem ganzen Kreise aufgeladen werden könne; daß aber auch hierfür Gesetzesparagraphen angezogen werden, welche es möglich machen, ohne besondere Gesetzgebung die Naturalverpflegung armer Reisender als Kreis=Kommunal=Angelegenheit hinzustellen. Wäre es möglich, daß durch die Staatsregierung eine solche Auslegung des Gesetzes gegeben und die Kreise zu diesem Liebesdienst, wenn auch nicht **gesetzlich gezwungen**, so doch moralisch genötigt werden könnten, — dann wäre ein entscheidender Schritt vorwärts gethan. Denn so lange es so steht, daß es ganz dem freien Belieben der Kreisstände überlassen bleibt, ob sie die Sache in die Hand nehmen wollen oder nicht, und an einer Stimme die ganze Sache scheitern kann, so sieht es übel aus. Nur wenn im **ganzen Deutschen Reiche die gleichen Maßregeln möglichst gleichförmig in der Hauptsache zur Geltung gebracht werden**, kann ein dauernder Erfolg gehofft werden.

Eine ganz besondere Hilfe kann der ganzen Organisation dadurch geboten werden, daß die Innungen sich entschließen, in organische Verbindung mit derselben zu treten. In dem früheren Bericht über Wilhelms=

dorf ist dargelegt, daß auf Anregung des Bürgermeisters von Herford sämtliche Arbeitgeber dieser Stadt sich mit dem Armenvorstande in Verbindung gesetzt haben, und diesmal ergibt die Mitteilung über Soest, daß dieser Vorgang hier genaue Nachfolge gefunden hat. (Die ganze Einrichtung ist absichtlich in allen Details abgedruckt, um zum Muster zu dienen.) Ganz besonders wichtig ist dabei die Entscheidung des Ministers des Innern, welche den Städten erlaubt, für diesen Zweck sich eine Selbstbesteuerung aufzulegen, womit dann also auch die Frage über eine Steuerumlage seitens der Kreisvertretungen für ganze Kreise entschieden ist. Aus verschiedenen Städten wird uns gemeldet, daß einzelne Innungen sich sehr freundlich zu der Sache gestellt haben, indem sie, ähnlich wie in Herford und Soest, einzelne Altmeister für die ganzen Innungen aufstellen und denjenigen Handwerkern der Innungen, welche keine Arbeit bekommen können, eine Anweisung an die Herberge zur Heimat geben. Andere Innungen, z. B. die Schriftsetzer, die Bäcker und Schornsteinfeger, haben durch ganz Deutschland reichende Organisationen für diejenigen Berufsgenossen geschaffen, welche freiwillig ihrem Verbande beitreten. Leider herrscht aber in dieser Beziehung ein großer Mangel an Einigkeit. Bei weitem die meisten Innungen verlangen, daß die armen Reisenden bei **allen** Meistern Umschau halten und unterstützen sie ganz regellos mit einzelnen Pfennigen, welche dann also auch der Regel nach in die schlechten Branntweinherbergen wandern, und ruinieren so mutwillig ihre eigenen Gewerbsgenossen; denn auch derjenige Handwerker, der gar keine Arbeit nehmen **will**, wird von allen unterstützt, höchstens von dem nicht, der ihm vergeblich Arbeit anbietet. Daß jede Innung oder auch nur mehrere miteinander in den Mittelstädten eine eigene Herberge haben, ist ja unmöglich; sie haben sie nicht einmal mehr in größeren Städten, und darum wäre es ein Werk großer Barmherzigkeit, wenn sich sämtliche Innungen entschlössen, mit den Behörden in feste Verbindung zu treten und ihren Berufsgenossen an derjenigen Verpflegungsstation, welche dieselben vor sittlicher Verwilderung schützt, ihre Reiseunterstützung zu sichern. Es ließe sich, so lange keine obligatorischen Innungen wieder aufgerichtet sind, auf Grund von § 97 Nr. 2 der Gewerbeordnung nach ihrer neuesten Fassung doch viel erreichen, wenn in ähnlicher Weise wie bei den Verpflegungsstationen, durch Verfügung des Ministers des Innern sämtliche Bürgermeister aufgefordert würden, mit aller Energie darauf zu dringen, daß die einzelnen Innungen ihre Innungsgenossen in einer regelmäßigeren Weise unterstützten, anstatt sie zum Betteln anzuleiten. Doch wäre es sehr erwünscht, daß hierbei nicht bloß die kleinen Gewerbe, sondern auch die großen Gewerbe, und namentlich die Fabriken mit hineingezogen würden, auch ganz besonders der Kaufmannsstand. Gerade in dem letzteren ist eine Organisation am allernötigsten, weil er wohl gegenwärtig die allermeisten arbeitslosen Wanderer liefert, und diese, durch schlechte Anführer in den Städten geleitet, zum Teil großartige Beute davontragen, welche dann freilich nur dazu dient, den vollkommenen Ruin desto schneller herbeizuführen. Einer unserer Wilhelmsdorfer Kolonisten bekannte mir, daß er in einer mittelgroßen deutschen Stadt an einem Vormittage aus verschiedenen Geschäften 24 Mark zusammengeholt habe, die dann mit dem betreffenden Führer geteilt werden mußten. Die kaufmännischen Vagabunden liefern auch meist die falschen Papiere.

Es läßt sich kaum annehmen, daß, wenn der Bürgermeister einer Stadt mit ausdauerndem Fleiße die verschiedenen Arbeitgeber zu einer Organisation auffordert, diese hartnäckig dabei beharren werden, so unvernünftig und so unbarmherzig mit ihren Gewerbsgenossen umzugehen, wie es jetzt fast durchgehends der Fall ist. Wir sehen, daß in Herford und Soest sich alles hat eingliedern lassen, was Arbeit zu geben im stande ist, und zwar wiederum so, daß verschiedene Innungen und verwandte Arbeitgeber sich zusammengeschlossen und einen gemeinsamen Verwalter für ihre Angelegenheiten erwählt haben. Sollte, was die Bürgermeister in Soest und Herford fertig gebracht, nicht anderen Bürgermeistern auch gelingen? Es bleibt ja den einzelnen Genossenschaften ganz überlassen, in welcher Weise sie ihre Berufsgenossen unterstützen wollen, ob sie ihnen auch die Barmherzigkeit erweisen wollen, ihnen die Unterstützung gegen Arbeit zu geben oder nicht. Sie mögen ja auch hierin, wenn sie wollen, Unterschied und Zucht üben, daß sie solchen Gewerbsgenossen, die bestimmte Bedingungen nicht erfüllt haben, z. B. bei den Bäckern, denjenigen, welche der Genossenschaft Germania nicht beigetreten sind, Arbeitsleistung zumuten, und den anderen nicht. Nur sollen sie in allen Fällen in der Verbindung mit der Behörde handeln, sodaß diese nicht gezwungen ist, Reisende zu unterstützen, welche nicht gewillt sind, Arbeit in ihrem Berufe anzunehmen auch wenn dieselbe vorhanden ist. Ohne solche Verbindung werden die bösen Elemente nur gestärkt und durch doppelte Unterstützung belohnt; das ist doch wahrlich kein Bürgersinn. In kleinen Orten bleibt den einzelnen Handwerksmeistern gar nichts anders übrig, als in die gemeinsame Organisation einzutreten und ihre Handwerksgenossen einfach an die gemeinsamen Centralstellen zu weisen, wie dies z. B. in Gütersloh geschieht. — Jede Stadt sollte darum ein **allgemeines Arbeitsnachweisebureau** für alle Arten von Arbeit haben, und es sollte Niemand unterstützt werden, auch nicht dem Holzstalle ꝛc. zugewiesen, der die für ihn vorhandene und für ihn **passende Berufsarbeit** abweist.

Vor allen Dingen aber muß die **Kirche** mit ihren offiziellen und mit ihren freien Organen den Bestrebungen der Behörden mit aller Energie zu Hilfe kommen. Das gewaltige Wort: „**Ich bin ein Gast gewesen und Du hast mich beherbergt**", geht in erster Linie doch nicht den Staat, sondern die Kirche an. Die größte Schwierigkeit bei der Sache ist weder das Geld, noch die fehlende Arbeit, sondern die fehlenden Personen. Die besten Gesetze, Statuten und Ordnungen sind vergeblich, wenn die rechten Personen fehlen, sie auszuführen. An schlechten Wirten müssen die Stationen und das ganze System wieder zu Grunde gehen, wie dies in Württemberg zum Teil geschehen.

Wir sehen, wie der Landrat des Kreises Brilon nur **einem** Wirt und neben ihm 4 andern zuverlässigen Privatpersonen, die keine Wirtschaft führen, die Verpflegungsstation übertragen hat, und letzteres ist gewiß das **allein** Richtige; es sei denn, daß der Wirt dem Branntweinausschank ganz entsagt. Solche zuverlässigen Personen zu finden und ihnen die Hände zu ihrem Berufe zu stärken, so daß die Behörde getrost Kontrakte mit ihnen abschließen kann, wird vornehmlich Sache der Kirche und der freien kirchlichen Vereine sein. Das erste christliche Liebeswerk der alten Kirche waren ja die Xenodochien: Die Pilgerherbergen. — Dies Liebeswerk der Kirche, durch den seligen Professor Perthes in Bonn wieder ins Leben gerufen, ist leider lange nicht vollendet. Das Netz der Herbergen zur Heimat hat noch viel zu weite Maschen. Es müßten noch hunderte von Herbergen gegründet werden, um den Bedürfnissen zu entsprechen. Wenn es wahr ist, daß mindestens 200 000 Wanderer, die ordentlichen miteingerechnet, sich auf deutschen Landstraßen befinden, so können höchstens 4000 ihr Haupt allnächtlich in christlichen Herbergen sicher niederlegen, während 196 000 meistenteils in Spelunken übernachten müssen, die einem Sumpfe ähnlicher sind, als einer friedlichen Heimat.

In größeren Herbergen mit über 20 Betten sind eigene Hausväter anzustellen, die womöglich aus den bestehenden Brüderhäusern entnommen werden. — Bei den kleineren, die nur höchstens 10 bis 15 Betten haben, ist die Anstellung eines besonderen Hausvaters nicht möglich. Derselbe geht an Nichtsthun zu Grunde. Sämtliche Hausväter der bestehenden größeren Herbergen zur Heimat bezeugen, daß in allen kleineren Orten sehr wohl kleine Handwerksmeister, namentlich Schuhmacher, Schneider und Bäcker, ohne ihr Handwerk aufzugeben, eine solche Herberge zur Heimat übernehmen können. Das Konsistorium der Provinz Westfalen, welches sich in seinem Amtsblatte vom 15. Mai an sämtliche evangelische Pastoren und Presbyterien der Provinz wendet, und dieselben auffordert, die Behörden bei der Einrichtung der Naturalverpflegungsstationen zu unterstützen, sagt unter anderm: „Es haben sich in Schlesien und anderen Provinzen in vielen kleineren Städten auf Anregung der Pastoren und Presbyterien kleine kirchliche Vereine gebildet, welche durch eine Sammlung die Anschaffung von 4 bis 10 Betten, dazu einiger Möbel, ermöglicht und bei einem christlichen Handwerker, der sein Geschäft im Hause betreibt (womöglich ein Schuhmacher oder Schneider), eine Schlafstelle gemietet haben, während die Werkstätte selbst, oder auch das Wohnzimmer des Handwerkers der Aufenthaltsort der durchreisenden Handwerker geworden ist. Solche Herbergen sind nach den dort gemachten Erfahrungen, wenn nur der rechte Christ gefunden ist, nebst einer wackeren Hausfrau, ohne jeden nennenswerten Zuschuß zu erhalten, indem der Hausvater die Wirtschaft selbst betreibt und durch die kleine seitens des Vereins bezahlte Miete, sowie aus dem Ertrage der Nachtquartiergelder Wäsche, Feuer und Licht bestreitet. Die Erhaltung dieser Herbergen wird dadurch um so leichter gemacht, daß die Behörden denselben alle mittellosen Reisenden zuweisen und ihnen volle Entschädigung für die Verpflegung gewähren. Es wird vielfach bezeugt, daß die kleinen Herbergen, welche keine offene Wirtschaft und keinerlei geistige Getränke führen von besonderem Segen für die Reisenden sind."

Mustergiltig für die kleineren Herbergen, die keinen eigenen Hausvater tragen können, ist die Einrichtung zu Goldberg in Schlesien. Es heißt in dem Berichte von dort: „Wir sind überzeugt, daß auch in kleineren Städten mit geringen Mitteln Herbergen ins Leben gerufen und erhalten werden können, und daß diese kleinen vor den großen den Vorzug haben, daß die reisenden Handwerker gerne in denselben einkehren. Die beiden Herbergen in Goldberg und Hainau gehören dem Vereine für innere Mission in dem Goldberg-Hainauer Kreise an. Im Jahre 1880 wurde in Goldberg für 4200 Mk. ein eigenes Haus gekauft und ein Schuhmachermeister als Hausvater angestellt. Derselbe treibt in der Gaststube sein Handwerk, heißt vom Schemel aus seine Gäste willkommen und unterhält dieselben. Derselbe genießt freie Wohnung für sich und seine Familie und wird für Feuer, Licht und Wäsche entschädigt. Auch wird ihm jährlich eine kleine Gratifikation gereicht. Für Kost und Trank hat er aber selbst zu sorgen und fällt ihm der Gewinn für die Beköstigung zu. Wir bedürfen keinen Zuschuß mehr aus der Vereinskasse. Auf den Böden des Hauses sind gesunde Schlafräume eingerichtet. Die Reisenden versichern, daß sie die Herberge Goldbergs den Herbergen in den großen Städten Schlesiens vorziehen."

Es ist dringend zu hoffen, daß die Kirche nicht hinter den fleißigen Bemühungen des Staates zurückbleibt und daß sie überall, wo es Not thut, solche größere oder kleinere Fremdlingsherbergen ins Leben ruft, in welchen dem Wanderer nicht nur die nötige leibliche, sondern auch die nötige geistige und sittliche Stärkung geboten wird. Nur dann ist eine bleibende Frucht zu erwarten, nur dann haben die Arbeiter-Kolonien ihre rechten Bundesgenossen gefunden, ohne die sie dauernd sich nicht behaupten können.

Wir fassen denn die bisherigen zu kurzen Erfahrungen, von denen wir keineswegs denken, daß sie bereits abgeschlossen wären, in folgende Sätze zusammen und stellen dieselben zur öffentlichen Diskussion:

1. Jeder mittellose arbeitslose Reisende, er sei krank oder gesund, ist **hilfsbedürftig** und fällt unter § 28 des Deutschen Reichsgesetzes. Beide dürfen **nicht bestraft**, sondern es muß ihnen **geholfen** werden, wenn sie sich helfen lassen wollen. Einen **arbeitslosen** oder **arbeitsunfähigen** Menschen zum **Betteln** zu **zwingen** und ihn dann zu verhaften und zu bestrafen, ist unmenschlich und grausam.

2. Der arbeitsunfähige Fremdling ist dem Ortsarmenverbande zuzuweisen und dieser anzuhalten, seine Schuldigkeit nach dem Gesetze zu thun. — Dem Arbeitsfähigen ist die Möglichkeit zu gewähren, daß er sich, ohne betteln zu müssen, nach Arbeit umsehen kann.

3. Diese Unterstützung muß stets nur in Naturalverpflegung bestehen, nicht in Geld, und unter Ausschluß des Branntweins.

4. Die **barmherzigste**, weil sittliche, nicht verderbliche Unterstützung für alle Arbeitsfähigen, die um Hilfe bitten, ist **das Angebot von Arbeit** mit einem solchen Lohne, daß der Unterstützungsbedürftige damit ausreicht, seine Reise, ohne Hunger zu leiden, fortsetzen zu können. Auch ist es das **einzige** sichere Mittel, den böswilligen Bittsteller von dem unschuldig Notleidenden zu scheiden und leichtsinniges Wandern zu verhüten. Deswegen müssen die Naturalverpflegungsstationen mit Arbeitsstätten oder Arbeitsangebot verbunden sein.

5. Jeder arbeitsfähige Reisende, der um Hilfe bittet und die angebotene Arbeit annimmt, ist zu **unterstützen**, ohne irgend welche andere Bedingungen zu fordern. Jeder, der die angebotene Arbeit abweist, ist zu **verhaften**; ebenso Derjenige, welcher sich im trunkenen Zustande einstellt. Unter keinen Umständen darf ein Hilfesuchender einfach auf die Landstraße gewiesen werden.

6. Jeder um Hilfe bittende Reisende ist ernstlich darauf aufmerksam zu machen, daß diese Unterstützung **nur solchen** gilt, welche keine ausreichenden Mittel zu ihrer Verpflegung besitzen. Eine Durchsuchung der Kleider findet ohne besondere Verdachtgründe nicht statt. Stellt sich aber

nachträglich heraus, namentlich durch mutwilliges Ausgeben von Geld für Branntwein ꝛc., daß der Betreffende die Behörde belogen hat, so ist auch gegen ihn polizeilich mit aller Strenge einzuschreiten.

7. Da es den einzelnen Gemeinden, welchen zunächst die Unterstützung der Hilfsbedürftigen **gesetzlich** zufällt, unmöglich ist, ohne mißbraucht zu werden, und ohne viel zu hohe Kosten vorstehende Bedingungen zu erfüllen, so schließen sich größere Kommunalverbände zur Einrichtung von Verpflegungsstationen zusammen. Der kleinste **Kommunalverband**, der für ein **sachgemäßes** Netz von Naturalverpflegungsstationen möglich ist, ist in Preußen der **Kreis**.

8. Um ein vollständiges Netz von Naturalverpflegungsstationen herzustellen, und dieselben dauernd zu erhalten, ist es notwendig, daß die Verpflegung armer Reisender für eine **Kreis-Kommunalangelegenheit** erklärt wird.

9. Nur eine stramme und umfassende Organisation, nur das volle Einsetzen der Autorität der Landespolizeibehörde kann eine einheitliche Organisation zuwege bringen. Es ist darum dringend erwünscht, daß durch eine Regierungsverfügung sämtliche Verwaltungsbehörden sehr eindringlich ersucht werden, mit aller Energie die Sache in die Hand zu nehmen, und daß so lange Bericht erfordert wird, bis die einheitliche Organisation durchgeführt ist.

10. Die Mittel für die Verpflegungsstationen müssen durch Kreissteuern aufgebracht werden.

11. Die Naturalverpflegungsstationen stehen **ganz unabhängig** von den Arbeiter-Kolonien da. Sie sind die **allezeit** notwendigen Werkzeuge für die durch das Reichsgesetz geforderte Unterstützung hilfsbedürftiger Reisender. Die Kolonien kommen nur den Verpflegungsstationen **freiwillig** zu Hilfe und dienen allen denjenigen Reisenden, welche nur durch letztere wieder zu einer geordneten Existenz kommen können, namentlich allen, die sich wieder ordentliche Kleider verdienen wollen.

12. Die Lage und Entfernung der Verpflegungsstationen richtet sich gar nicht nach der Lage der Kolonie, sondern nach den Hauptverkehrsorten, wo der Arbeitslose Arbeit zu finden hoffen kann. Für die Entfernung derselben von einander läßt sich daher keine bestimmte Norm aufstellen. In stark bevölkerten Gegenden werden dieselben näher zusammen liegen müssen, als in schwach bevölkerten. Der Durchschnitt der Entfernung sollte nicht unter 12 Kilometer sein.

13. Es ist ratsamer, wenige sehr gut eingerichtete Stationen mit sehr zuverlässigen Stationshaltern einzurichten, als viele schlechte. Die Verpflegungsstationen müssen nur den professionellen Vagabunden und Schnapsbrüdern ein Schrecken, allen ordentlichen Arbeitsuchenden aber eine Wohlthat und Anziehungspunkt sein.

14. Der Regel nach sollte jede Station Mittagbrod- und Nachtquartierstation **zugleich** sein, um den mittellosen Reisenden die Möglichkeit zu gewähren, nachdem sie einen halben Tag gewandert, einen halben Tag zu arbeiten; die Norm sollte sein: **vormittags marschiert, nachmittags gearbeitet**. Mittagbrodstationen sind nur da nötig, wo die

Entfernung der Nachtquartierstationen 20 Kilometer übersteigt. Es ist aber kein Schade, wenn solche zunächst häufiger eingerichtet werden, falls sie mit einer Steinklopfbude oder einem kräftigen Komposthaufen verbunden sind. Die Erfahrung wird aber lehren, daß sie kaum benutzt werden, wenn auf den Nachtquartierstationen auch Mittagbrod zu verdienen ist.

15. Sind die Nachtquartierstationen sehr weit von einander entfernt, so daß ein ganzer Tagemarsch dazu gehört, dieselben zu erreichen, so kann den Reisenden gestattet werden, einen ganzen Tag auf der Station zu bleiben und sich durch Arbeit auf derselben zu ernähren, damit er wiederum einen ganzen Tag auf die Reise verwenden kann. In Ausnahmefällen, zum Waschen und Reinigen der Kleider, können auch zwei Tage gestattet werden. In Städten über 80,000 Einwohner ist dies die Regel, — weil hier meistens so viel Zeit dazu gehört, um sich zu vergewissern, ob Arbeit vorhanden oder nicht.

16. An Sonn- und Festtagen sollen die Reisenden nicht zum Wandern gezwungen, sondern ihnen überall die Möglichkeit gewährt werden, an diesen Tagen zu ruhen und die Kirche zu besuchen. Es kann dafür am Sonnabend und Montag eine stärkere Arbeitsleistung verlangt werden.

17. Die Thätigkeit der Vereine gegen Bettelei, welche vielfach eine richtige Organisation zwischen Land und Stadt nur hemmt, sollte sich lediglich darauf richten, für alle Arbeitslosen „Arbeitsstätten" oder „Erwerbshäuser" zu schaffen, welche sowohl den einheimischen Arbeitslosen als auch den fremden Reisenden offen stehen und hierdurch den Behörden eine sehr wesentliche Erleichterung zur Lösung ihrer Aufgabe darbieten.

18. Die rationellste Arbeitsleistung für die Reisenden ist das Zerkleinern von Holz in einem dazu eingerichteten Holzschuppen. Nur wenn durchaus kein Holz abzusetzen ist, sind Steinklopfbuden aufzurichten. Aber in diesem Falle ist nur von eigentlichen Handarbeitern ein bestimmtes Maß, von den übrigen aber nur eine bestimmte Zeit der Arbeit zu fordern, so daß die Hände geschont werden. In vielen Fällen können auch beide Arbeiten miteinander verbunden werden.

19. Die Arbeitsleistung sollte für ein gutes Mittagbrod etwa $1^{1}/_{2}$ Stunden betragen; ist die zu erreichende Nachtquartierstation zu weit entfernt, so kann man sich auch mit einer Stunde begnügen. Liegen die Stationen so, daß nur ein halber Tag gewandert wird und in dem anderen halben Tage doch keine andere Station erreicht werden kann, so daß also der Zugereiste außer dem Mittagbrod sich auch sein Nachtquartier, Abendbrod und Frühstück zu verdienen hat, so ist es barmherzig, ihm des Nachmittags wenigstens 4 Stunden Arbeit zu gewähren und ihm dafür auch eine Tasse Kaffee mit Brödchen extra zu reichen.

20. Jede Verpflegungsstation muß mindestens zwei Angestellte haben: einen Anweisungsbeamten und einen Stationshalter; in allen größeren Orten auch einen Verwalter der Arbeitsstätten. In kleineren Orten können die beiden letzten Posten mit einander verbunden sein.

21. Zur Erleichterung der Kontrolle müssen sämtliche Unterstützten in Listen eingetragen und einheitliche fakultative Arbeitsbücher durch das ganze Deutsche Reich eingeführt werden, deren Besitz nur beständigen

Vorteil, deren Nichtbesitz nur beständigen Nachteil bringt. Diese Arbeits=
bücher sind bei jedem Anweisungsbeamten, der zugleich Amtmann oder
Bürgermeister ist, für 30 Pfennige zu kaufen, oder für 3 Stunden Arbeit
zu verdienen. In diesen wird nur die fleißige Arbeit, nicht die
empfangene Unterstützung bezeugt.

22. Nicht bloß die Stationen eines einzelnen Kreises, sondern auch
die Stationen benachbarter Kreise müssen miteinander in organischer Ver=
bindung stehen. Jede Station muß für die Reisenden die klare Nach=
weisung geben, wo die nächsten Stationen sich befinden.

23. Kein Stationshalter darf seine Gäste in der Weise durch seine
Schuld entlassen, daß sie die nächste Station nicht mehr erreichen können.
Als allgemeine Norm, die möglichst durchzuführen, ist aufzustellen:
Vormittags marschieren, Nachmittags Arbeit.

24. Die Innungen und andere Arbeitgeber sind mit aller Energie
aufzufordern, in organische Verbindung mit den Behörden zu treten, da=
mit jede doppelte Unterstützung verhütet werde, auch Niemand unterstützt
werde, der eine in seinen Beruf gehörende Arbeit, die ihm angeboten
wird, ausschlägt. Durch immer wiederholte Aufforderung der Polizei=
behörde sind die Innungen anzuhalten, in dieser Beziehung ihre Pflicht
zu erfüllen und geordnete Unterstützungen herzurichten.

25. Als Ziel ist mit ganzem Ernste zu erstreben, daß alle Ver=
pflegungsstationen, welche zu gleicher Zeit Nachtquartier bieten,
wirkliche Herbergen zur Heimat werden. Hiezu ist es notwendig,
daß die Kirche, die evangelische wie die katholische, allen Fleiß aufwendet,
durch freie Vereine solche christliche Herbergen ins Leben zu rufen, welche
sämtliche Wanderer, die dort anlangen, dem Einfluß der schlechten Herbergen
entreißen. Sie darf nicht ruhen, bis dies Ziel erreicht wird.

Wir erlauben uns noch, nachfolgenden unmaßgeblichen Ent=
wurf eines Statuts für die Kreis= und Kommunalverbände vorzulegen:*)

§ 1. Die Verpflegung hilfsbedürftiger armer Reisender ist eine
Kreis=Kommunal=Angelegenheit und erfolgt auf gemeinsame
Kosten der Kreiseingesessenen. Die Einrichtung und Verwaltung einer
geordneten Verpflegung liegt dem Kreisausschuß unter Vorsitz des Land=
rats ob. (In den selbständigen Städten dem Magistrat unter Vorsitz
des Bürgermeisters.)

§ 2. Sie erfolgt in der Weise, daß eine genügende Anzahl von
Stationen innerhalb des Kreises eingerichtet werden, in welchen den Hilfs=
bedürftigen gegen eine von ihnen zu leistende Arbeit Natural=
verpflegung gewährt wird. Die Stationen liegen so nahe beisammen,
und die Verpflegung ist so reichlich, daß jedem Gesunden der Vorwand
vollständig genommen ist, auf das Betteln angewiesen zu sein.

§ 3. Die Unterstützung besteht ausschließlich in Nahrung und Nacht=
quartier. Kleidung kann nicht gewährt werden. Wenn die Kleider be=

---

*) Es sind hiebei die Statutenentwürfe für das Herzogtum Braunschweig, für
das Königreich Württemberg und den Kreis Altena benutzt.

reits abgängig werden, ist in die Arbeiter-Kolonie zu verweisen. Bare Geldunterstützung wird unter keinen Umständen, ebensowenig Branntwein verabreicht.

§ 4. Unter keinen Umständen dürfen Hilfesuchende aus irgend einem Grunde einfach auf die Landstraße gewiesen werden. Wenn ein Grund vorliegt, nicht zu unterstützen, so muß sofortige Verhaftung erfolgen; dies geschieht vornehmlich bei allen, welche die angebotene Arbeit abweisen, oder in trunkenem Zustande sind. Kranke und arbeitsunfähige Reisende hat der Ortsarmenvorstand zu verpflegen.

§ 5. Die Anweisungsbeamten haben jeden Unterstützungsuchenden zu fragen, ob er selbst noch ausreichende Mittel hat, sich zu verpflegen. Leugnet er dies entschieden, so ist ihm mitzuteilen, daß, falls diese Aussage auf Lüge beruht, er sich der polizeilichen Bestrafung als mutwilliger Bettler schuldig macht. Diese ist namentlich dann herbeizuführen, wenn der Betreffende hinterher unnütze Ausgaben, namentlich für Branntwein macht.*)

§ 6. Jede Verpflegungsstation hat einen Anweisungsbeamten und einen Stationshalter. Die Unterstützung geschieht in der Weise, daß der Anweisungsbeamte, dem die Prüfung der Legitimationspapiere zusteht, dem Hilfsbedürftigen eine Karte aushändigt, welche eine Anweisung auf Verpflegung, entweder für Mittagessen oder für Nachtquartier, Abendessen und Morgenbrod, gegen eine bestimmte Arbeitsleistung enthält. Diese Karten werden von den Reisenden an den Stationshalter abgegeben und dienen diesem als Belege zur Liquidation seiner Auslagen. Die Anweisungsbeamten sind der Regel nach die Bürgermeister, Amtleute oder Ortsvorsteher oder deren Stellvertreter und ist ihr Amt ein Ehrenamt.

§ 7. Die Verabreichung der Naturalverpflegung geschieht von Verpflegungs-Stationshaltern, mit welchen seitens der Ortsbehörden der betreffenden Station Kontrakte abgeschlossen werden. Es werden hierzu der Regel nach Personen genommen, welche keine offene Wirtschaft führen oder Wirte, welche keinen Branntwein schenken. Die Verpflegung geschieht genau nach der vom Kreisausschuß aufgestellten Anweisung. — Die Beaufsichtigung der Stationshalter liegt den Anweisungsbeamten ob.

§ 8. Mit jeder Verpflegungsstation ist ein Arbeitsnachweis verbunden. Sämtliche Arbeitgeber sind wiederholt dringend aufzufordern, etwaiges Arbeiterbedürfnis anzumelden und sind die Arbeitsuchenden zunächst an diese Arbeitgeber zu verweisen. Ist der Zustand des Hilfesuchenden namentlich in bezug auf die Kleidungsstücke derart, daß ihn die Arbeitgeber nicht mehr annehmen wollen, so ist er in die Arbeiter-Kolonie zu verweisen.

§ 9. Die Ortspolizeibehörden haben mit aller Energie darauf zu wirken, daß die Hausbettelei aufhört. Im amtlichen Kreisblatt müssen die Eingesessenen wiederholt angehalten werden, die Bettler von den Thüren nach den Verpflegungsstationen zu verweisen.

---

*) Dieser Paragraph ist vielfach zu scharf befunden. Es ist nicht die Meinung, daß, wenn ein Reisender noch ein oder zwei Groschen in der Tasche hat, er gar nicht unterstützt werden soll, während das Nachtquartier vielleicht fünf Groschen beträgt, aber dann soll er es offen sagen. Die Verpflegungsstationen sind nicht zu behaupten, wenn nicht auch in diesem Punkte große Strenge geübt wird.

E. Einwirkung der Arbeiter-Kolonien auf die Gesetzgebung und die Staatsregierung.

Sehr gewichtige Stimmen erheben sich gegen die ganze freie Liebesarbeit durch die Kolonien ꝛc. und bekämpfen diese ganze Bewegung aus dem Grunde, weil dadurch die notwendigen Reparaturen der Gesetzgebung aufgehalten würden. Andere ebenso gewichtige Stimmen ermahnen die Vorkämpfer dieser Bewegung, ganz still weiter zu arbeiten und für diese Reparaturen an dere den Mund aufthun zu lassen. — Mir scheint, daß die Mittelstraße das Richtige sein würde. — Ich glaube allerdings, daß der Gesetzgebung viel zu viel zugemutet wird; ja, daß gerade auf diesem Gebiete es gefährlich ist, zu viel vom Gesetz zu fordern.

Schon der oft ausgesprochene und gewiß nicht zu bestreitende Satz: „Ein zwar gesunder, aber trotz aller Bemühungen arbeits- und mittelloser Mensch, der vor der Entscheidung steht, ob er betteln oder verhungern soll, ist hilfsbedürftig und darf nicht bestraft, sondern es muß ihm geholfen werden" — muß nicht durch das nackte Gesetz, sondern vornehmlich durch die Barmherzigkeit zu seinem Recht kommen. Ich bin selbst bedenklich, dem Verfasser der trefflichen braunschweigischen Statuten ohne Einschränkung zu folgen, daß allein schon auf Grund des deutschen Reichsgesetzes § 28 die Verpflegungsstationen gesetzlich einzuführen seien. Denn wenn jeder gesunde Arbeitslose sich hinstellen und nicht bitten, sondern nach dem Gesetz fordern kann: „Gebt mir satt zu essen und zu trinken, ich bin ohne Mittel und ohne Arbeit, so wäre dies eine große soziale Gefahr. — Wenn nun andere Sozial-Politiker sagen: „Die Gefahr wird abgewendet, wenn die Hilfe nur gegen Arbeit gewährt wird und das Gesetz sollte lauten: Jedem mittellosen Arbeitslosen ist so viel Arbeit und Verdienst zu gewähren, daß er an dem Orte, wo er sich befindet, ohne betteln zu müssen, sich nach Arbeit umsehen kann," so wird die Sache dadurch nicht besser, dann ist das gesetzliche Recht auf Arbeit anerkannt und der gesetzliche Faullenzerstaat ist fertig.

So wenig wie in den Kolonien, darf auf den Verpflegungsstationen die Arbeit ein gesetzliches Recht werden, sie muß als ein Vorrecht, als eine besondere Barmherzigkeit gelten, die man den Hilflosen statt des Almosens gewährt. — Das Gesetz richtet hier nur Zorn und Unheil an. Wie in der Kolonie die freie Liebesthätigkeit, so muß in den Verpflegungsstationen der Staat oder der Kommunalverband ganz getrost freie Barmherzigkeit erweisen, zumal diese Barmherzigkeit so unvergleichlich viel billiger zu stehen kommt, als die bisherige Unbarmherzigkeit der regellosen Unterstützung durch gebettelte Almosen. — Ich sehe gar nicht ein, warum nicht auch der Staat freie Barmherzigkeit erweisen kann. Aber freilich, Barmherzigkeit läßt sich nicht befehlen, sie muß erbeten sein. Wir haben uns bittend an unsern Regierungspräsidenten gewendet, uns in der Sache der Naturalverpflegungsstationen zu helfen, er hat unsere Bitte gehört und hat seinerseits freundliche Fürsprache für uns eingelegt bei seinen Verwaltungsbeamten und so ist die Sache im ganzen Regierungsbezirke zu stande gekommen. — Was unser Präsident kann, das kann unser Herr Oberpräsident auch und thut es auch ebenso gerne. Er legt auch Fürsprache für uns ein bei allen Verwaltungsbeamten und so wird gewiß nicht allein ein Regierungsbezirk, sondern die ganze Provinz in Ordnung kommen. Aber mit einer Provinz ist uns nicht geholfen. Wenn die andern Provinzen nicht auch nachkommen, so sind wir wieder verloren. Darum müssen wir uns auch aufs Bitten beim Minister des Innern legen und dieser muß für die ganze Monarchie für uns bitten. Eine solche Bitte seinerseits wird viel weiter reichen und viel größeren Segen bringen, als ein in der Kammer durchgebrachtes Gesetz, daß alle Reisenden so und so unterstützt werden müßten. Vor diesem Gesetz fürchte ich mich. Man kann ja freilich, wie die braunschweigischen Statuten es thun, bei dieser Bitte auch § 28 des Reichsgesetzes mit zu Hilfe nehmen, und bei für Bitten Schwerhörigen gewissermaßen damit drohen, aber sich rein hierauf zu stellen, wäre sehr bedenklich.

Es reicht auch nicht aus, bloß für Preußen zu bitten, sondern es muß eine solche Bitte an alle deutsche Regierungen ergehen, dahin lautend, daß die Unterstützung hilfloser Reisenden von Seiten der größeren Kommunalverbände in die Hand genommen und diese bewogen werden, die Ausgaben für die hilflosen Pilgrime auf Kommunalkosten zu übernehmen. Auch wäre es sehr erwünscht, daß Normalstatuten für Verpflegungsstationen durch eine Kommission ausgearbeitet und diese den einzelnen Landesregierungen zur Empfehlung in die Kommunalverbände vorgelegt würden, wobei ja freilich den verschiedenen örtlichen Eigentümlichkeiten Rechnung getragen werden muß. Die einzelnen Landesministerien müssen auch, wie es bei uns schon vielfach seitens einzelner Regierungen geschieht, einen liebreichen Druck ausüben und immer aufs neue Berichte erfordern, wie weit die Sache gediehen ist. Es steht zu hoffen, daß auf diesem Wege allmählich die Einrichtung von Naturalverpflegungsstationen, welche eine ebenso große Ersparnis für die Kommunalverbände, als eine Barmherzigkeit für die armen Reisenden ist, auch ohne besondere Gesetzgebung zu erreichen sein wird.

Ebenso würde auch eine liebreiche wiederholte Erwartung an alle städtischen Bürgermeister, daß sie, gestützt auf § 97 der Gewerbeordnung, doch alle Handwerksmeister bei ihrer Bürgertugend fassen und sie, um der Ehre ihres Handwerks willen, auffordern möchten, sich zusammen zu schließen und endlich dem Jammer des zügellosen Lebens und Bettelns vieler ihrer Handwerksgenossen ein Ende machten, — von der allerbesten Wirkung sein.

Nächst dem Minister des Innern wird der Herr Justizminister unserer Sache großen Vorschub leisten können. Auch er ist in der Lage, ohne Aenderung der Gesetzgebung unsern Wünschen und Bedürfnissen in kräftigster Weise Geltung zu verschaffen. Die bereits durch unseren Vorstand an denselben abgegangene und liebreichst aufgenommene Bitte geht dahin, daß er seine Staatsanwälte und Amtsanwälte ermuntern solle, auf Grund von § 49 des Strafgesetzbuches sich Gewißheit zu verschaffen, ob der betreffende Bettler mutwillig gebettelt oder in äußerster Not, um sich vor dem Verhungern zu retten, zu diesem Ausweg gegriffen habe und im letzteren Falle ihn frei zu lassen. Nichts ist billiger, gerechter, barmherziger und leichter zu erfüllen, als diese Forderung und die Richter werden gewiß mit Freuden auf diesen Rat eingehen, soweit das Gesetz dessen Erfüllung erlaubt. Wenn wir die Herren Landräte fragen, die in ihren Kreisen die Naturalverpflegung durchgeführt haben, so werden dieselben bekennen, daß die Mühe, die sie davon gehabt, in keinem Verhältnis steht zu der Entlastung, die sie ihren Kreisen, zu der Beruhigung, die sie ihren Gewissen verschafft haben. Er kann nun seine Gensdarmen mit aller Freudigkeit anweisen, Bettler zu verhaften und der verhaftende Gensdarm wird nun fröhlich zugreifen können. Findet sich, daß ein armer Mensch auf dem Wege zwischen der einen und der andern Verpflegungsstation matt und krank um Hilfe zu bitten genötigt ist, so gehört eben dieser nicht vor die Polizei, sondern vor die Armenverwaltung. In anderen Fällen kann der Gensdarm bezeugen: Trotzdem daß überall angezeigt steht, wo gegen Arbeit auskömmliche Verpflegung zu haben und trotzdem daß dieser Mensch erst vor einer Stunde sich satt gegessen und die nächste Station ohne alle Not erreichen konnte, hat er gebettelt. — Nun kann also auch der Richter auf solche Anzeige hin frisch und getrost verurteilen, es müßte denn sein, daß der Vorgeführte nachweisen könnte, daß der betreffende Wirt oder Stationsvorsteher seine Schuldigkeit nicht gethan und seinen Kontrakt in bezug auf die Verpflegung nicht gehalten habe. Dies ließe sich sehr leicht beurteilen, wenn diese Stationen richtig kontrolliert werden und es wäre wiederum eine höchst heilsame Zucht, wenn solche Wirte alsdann bestraft würden, die, wie es im Württemberger Lande vielfach geschehen, ihre armen Gäste für die ihnen mehr als ausreichend gebotene Entschädigung auf Kommunalkosten gründlich hungern lassen. Nichts ist öffentlicher, als wie solch eine Wirtschaft und darum auch für den Richter die Entscheidung leicht; dann verfällt der betrügliche Wirt billig statt des durch ihn zum Betteln getriebenen armen Schluckers der Strafe. — Läßt sich aber ein Kreis, ein Amt, eine Stadt, trotz allen Bittens und Ermahnens seitens des Landrats oder Amtmanns nicht darauf ein, für ihre Reisenden zu sorgen, zwingt er sie zum Betteln, so ist es diesen ganz recht, wenn die Richter sich solch unvernünftiger und unbarmherziger Leute nicht annimmt, die mutwillig hilflose Menschen zu Verbrechern machen. Ich würde mir nicht das geringste Gewissen daraus machen, alle alten Kunden, die sich auch aus Strafe und Gefängnis nichts mehr machen, in solchen Kreis zu dirigieren, bis die Bevölkerung zur Vernunft gekommen. Ich berufe mich bei der ganzen Sache auf eine bereits dem Justizminister vorgelegte Eingabe eines bewährten Amtsrichters, welcher den § 54 des Strafgesetzbuchs für solche Unglückliche zu Hilfe nimmt, nach welchem unverschuldete rechte Not auch bei vollständig speziellem Thatbestande die Strafbarkeit ausschließt. „Die Anwendbarkeit dieser Bestimmungen, so heißt es in diesem Referat, auf die unverschuldete Arbeitslosigkeit mitteloser Landfremder, die betteln, um nicht Hungers zu sterben, ist theoretisch nicht zu bezweifeln. Die Thatsache, daß dennoch in den häufig vorkommenden Fällen solcher Art die Praxis die Freisprechung auf Grund des § 54 des Strafgesetzbuchs nicht kennt, ist wohl durch den Umstand zu erklären, daß der erforderliche Thatbestand nur durch einen oft schwierigen und weitläufigen Indizienbeweis festzustellen ist." — In dem Augenblick, wo das vollständige Netz von Verpflegungsstationen fertig ist, ist die Scheidung zwischen Schuld und Unschuld ebenso leicht und sicher zu vollziehen als dieselbe ohne solche Stationen für den Richter schwer, ja unmöglich ist.

Aber auch nach der anderen Seite hin kann der Justizminister, ohne daß eine Aenderung der Gesetzgebung nötig ist, auf das kräftigste helfen, nämlich durch schärfere Bestrafung der professionellen Faullenzer. Die jetzige Bestrafung ist für viele der Letzteren in der Winterszeit geradezu eine Wohlthat und keine Strafe. Hören wir die Ausführungen des bereits genannten Polizeirats Jagielski, welcher beides in einem Gemälde geißelt, sowohl die Ungerechtigkeit der Bestrafung des Unschuldigen als die Thorheit der zu milden Bestrafung des mutwilligen Bettlers. Er läßt zunächst einen noch unbestraften Wanderer auftreten, wie sie zu Tausenden durch Arbeitslosigkeit auf die Straße gedrängt werden:

„Hunger im Magen, nichts auf dem Leibe, dessen er sich noch entäußern könnte, schleicht er von Thür zu Thür. Ueberall erhält er auf seine Bitten um Herberge als Antwort die Frage: Hast du auch Geld zum Bezahlen? (Gebettelt hat er noch nicht und betteln will er nicht.) Verzweiflung erfaßt ihn und er sieht sich zum letzten Schritt gezwungen: er sucht Hilfe bei der Polizei. Er, der sich bis dahin stets ehrlich durch die Welt geschlagen, ist gezwungen, denjenigen Ort für sich in Anspruch zu nehmen, an welchem Verbrecher ihrer Sühne entgegengehen: „Das Gefängnis!" Man denke sich, was im Innern eines Menschen vorgegangen sein muß, bevor er sich zu einem solchen Schritte entschließt! Vermag ich doch aus eigener Erfahrung mehrere Fälle anzuführen, in welchen Personen, aus dem Wasser gezogen und gerettet zur Polizei gebracht, erklärten, sie hätten den Tod einem Unterkommen im Gefängnis vorgezogen. Hat jemand aber diesen Schritt erst einmal gethan, dann ist es in der Regel um ihn geschehen, denn das, was folgt, die Strafe, ist verlockend gegen das, was dieser vorangegangen ist. Es ist Winter; Kälte und Ermüdung treiben den Obdachlosen, diesen allerletzten Zufluchts= ort aufzusuchen. Um 6 Uhr abends betritt er diese Stätte. Es empfängt ihn ein nichts weniger als einladender Raum und er findet eine Gesellschaft, dazu an= gethan, ihm alle Lust am Leben zu verleiden. Am folgenden Morgen wird er zum Verhör geführt und wie dies in der Regel nicht anders angängig, am Mittag gegen zwei Uhr entlassen. Und: „o Ironie des Schicksals!" auf den Weg wird ihm die Verwarnung mitgegeben, daß er sich in bestimmter Frist ein Unterkommen zu beschaffen habe, widrigenfalls ihn Haft und Detention bedrohen. Mit hungrigem Magen betrat er das Gefängnis, nachdem er 20 weitere Stunden gehungert, wird er herausgewiesen und der, welcher in der Nacht neben ihm geschlafen, der die Weisung, sich ein Unterkommen zu beschaffen, nicht befolgt hatte oder beim Betteln ergriffen war und deshalb nicht entlassen, sondern der Strafe zu= geführt wird, erhält Speise, welche die Geruchsnerven des Ausgestoßenen reizt und seinen traurigen Zustand zur Unerträglichkeit steigert. Was bleibt ihm nun wohl übrig, als, um zunächst den Hunger zu stillen, endlich zu betteln? Er wird er= griffen, er wird bestraft. Aber wofür? Bettelte, stahl er aus Uebermut? oder gebrach es ihm wirklich nicht an Erwerb und infolge dessen an Obdach, Nahrung und Kleidung, so daß er, vielleicht auch die Seinigen anders in Gefahr gerieten, zu erfrieren und zu verhungern? Und die Strafe selbst? Er wandert ins Ge= fängnis und erhält als Obdach einen Raum, wie er ihm im gewöhnlichen Leben nie so groß geboten wird, wie er ihn niemals hat schöner wünschen können. — Außerdem aber ist er verurteilt zu mehrwöchentlichem süßen Nichtsthun und die Sorge für Speise und Trank und das sonstige körperliche Wohlbefinden übernehmen andere. Er findet sich in das ihm aufgedrungene Schicksal, sieht, daß die Folgen so schlimm denn doch eigentlich nicht sind und er läßt sich jetzt nur noch schwer von der Notwendigkeit einer Umkehr überzeugen. Wird ihm nunmehr Arbeit angeboten, dann schlägt er sie aus; denn er hat soeben gelernt, daß er sich, ohne zu arbeiten, auch, und nach seiner Ansicht gerade nicht unangenehm, durchschlägt.

Die Besserungsanstalten darf er zunächst nicht fürchten, denn sie sind in der Regel überfüllt und bedrohen ihn erst, wenn gute Jahreszeit eintritt, welche ihm das Wandern leicht macht, weshalb er denn auch sofort davon umfassendsten Gebrauch macht, nicht erst abwartet, bis man ihn zur Zwangsarbeit abführt, sondern unter dem Schutze des Freizügigkeitgesetzes auf Reisen geht und andere Orte und Länder aufsucht. Mit leichter Mühe erbettelt oder stiehlt er die Mittel zu seinem Unterhalte und mit der wiederkehrenden schlechten Jahreszeit sehnt er sich, fern von den Seinigen, nicht nach diesen, sondern nach einem Asyl, in welchem er von neuem gereinigt und gepflegt wird. Er hat es schon so eingerichtet, daß er sich in einer großen Stadt befindet und da schlägt er wiederum für den Winter im Gefängnis sein behagliches Quartier auf."

Daß dies Bild in vielen Variationen richtig ist, läßt sich durch viele Zeugnisse beweisen.

Man weiß wirklich nicht, was unbarmherziger ist, der Weg, auf dem der arme Mensch ins Gefängnis gekommen, oder derjenige, auf welchem er in demselben erhalten wird. Die Verpflegungsstationen, wenn sie überall durchgeführt sind, sichern ja den Unschuldigen vor der Verhaftung, aber sie sichern den Schuldigen nicht vor dem mutwilligen Fortsetzen seines Bettlerlebens, wenn ihm das Faullenzen im Gefängnis angenehmer ist als das Arbeiten in der Freiheit; besonders wenn bei letzteren ihm nun auch die Gelegenheit zum Branntweintrinken verkümmert ist. Was kann es nützen, den Faullenzer, der die Arbeit ausschlägt, zu verhaften, wenn eben dies das Ziel seiner Wünsche ist. Hier kann nun der Minister uns abermals trefflich helfen.

In dem Referat des Oberstaatsanwalts Stellmacher zu Celle, auf der letzten Versammlung des Gefängnisvereins zu Hamburg gehalten, findet sich folgender wichtiger Passus:

"§ 362 des Reichsstrafgesetzbuchs weist den zum Ziele führenden Weg an, wodurch dem mutwilligen Vagabunden das Gefängnis schwer gemacht wird. Darnach kann der verhaftete Bettler und Vagabund zur Arbeit angehalten werden, nämlich nicht bloß in den Korrektionsanstalten, sondern auch in den gewöhnlichen Gefängnissen.

Keine Strafe ist für den Strolch empfindlicher und unangenehmer als Arbeit, nichts erfüllt so sehr den Besserungszweck der Strafe, als der gezwungene Eintritt in eine angestrengte Thätigkeit. Was hindert den Gefängnisvorsteher, das Mittel der Arbeit zur vollen Anwendung zu bringen? "Es sei keine Gelegenheit," ist meistens die Antwort. Meine Erfahrungen führen zu einem andern Resultat. Mangelnde Umsicht und mangelnder guter Wille sind ziemlich immer die Ursachen. Warum ist keine Arbeit vorhanden? Jeder noch so kleine Bezirk hat seine besonderen Bedürfnisse. Ich denke, es genügt, wenn ich ihnen statistisch vorführe, in welchem Maße es im Jahre 1879 im Oberlandsgerichtsbezirk Celle, dank den unablässigen Bemühungen der

Gefängnisvorsteher, gelungen ist, den Prozentsatz der arbeitenden Gefangenen zu erhöhen. Im Etatjahre 1879—1880 betrug die täglich durchschnittliche Zahl der Gefangenen 1350; im Etatsjahre 1882—1883 1572. Die Zunahme beträgt also 16 %. Die Zahl der beschäftigten Gefangenen betrug im Jahre 1879—1880 634, dagegen im Jahre 1882—1883 1027, also ein Zuwachs von 62 %. Während also die Durchschnittszahl der Gefangenen um 16 % gewachsen, ist der Prozentsatz der **arbeitenden** Gefangenen auf 62 % gebracht. Während ferner von 109 mir unterstellten Gefängnissen vor drei Jahren noch in gar nichts gearbeitet wurde, sind solcher jetzt nur noch zwei vorhanden, in denen auch lediglich die baulichen Verhältnisse und nicht der Mangel an passender Arbeit die Schuld tragen und hierbei sind alle Arbeiten einträglich gewesen. Jede Entschuldigung fällt weg, wenn nicht zu Arbeiten gegriffen wird, die dem Staate nur nicht noch Kosten verursachen. Es handelt sich aber nicht bloß darum, daß überhaupt Arbeit beschafft, sondern daß auch ein angemessenes Pensum individuell aufgegeben werde, wie solches ebenfalls im preußischen Gefängnisreglement in § 94 dahin vorgeschrieben wird, daß die betreffenden Gefangenen immer nach ihrer Leistungsfähigkeit bemessene Aufgaben zu erledigen haben. Erst dann, wenn ein **bestimmtes** Pensum genügend anstrengenden Arbeitsmaßes durchgeführt ist, erhält die Arbeit ihren erziehenden Wert."

Zu diesen Ausführungen nehme ich nun abermals noch den Polizeirat Jagielski zu Hilfe. Er schreibt:

„Ich habe die Ehre, seit einer längeren Reihe von Jahren einem Erziehungsinstitute für verwahrloste Kinder vorzustehen, welches allein die Arbeit als Erziehungsmittel anwendet. Da kommt es denn nun ab und zu vor, daß bei Lehrmeistern untergebrachte Zöglinge entlaufen, angeblich, weil ihnen die Arbeit zu schwer. Der Direktor des Instituts läßt es sich sehr angelegen sein, sehr sorgfältig zu prüfen, ob dies wirklich der Fall und es ereignet sich mitunter, daß Faulheit der Grund des Entlaufens gewesen. Den betreffenden Zögling, welcher natürlich zunächst in die Anstalt zurückgenommen worden, habe ich demnächst im Anstaltsgarten damit beschäftigt gefunden, einen Haufen Erde aus einem Winkel des Gartens in den anderen und demnächst wieder zurückzukarren oder reine Erde ununterbrochen durch ein Sieb werfen sehen. Die Arbeit war ganz gewiß nicht schwer; aber die Kur bewährte sich ganz wunderbar. Schon nach ein bis höchstens zwei Tagen bat der Zögling, er wollte freiwillig arbeiten und fleißig sein und es ist nie wieder Klage über ihn geführt worden. Die Schwere der Strafe lag allein darin, daß, wie der Gestrafte durchblicken ließ, die Arbeit sichtbar keinen Zweck hatte, keine lohnende war. Warum also beim Mangel lohnender Arbeit oder bei **rückfälligen** Bettlern nicht eine derartige Arbeit anwenden? Ein Hofraum befindet sich doch sicher bei jeder Strafanstalt und er kann, wenn sich keine andere Arbeit auf ihm verrichten läßt, mindestens immer und immer wieder gefegt oder es kann auf ihm ein Haufen Steine aus einer Ecke in die andere gekarrt werden. Allerdings werden die so beschäftigten Arbeiter beaufsichtigt werden müssen und deshalb, trotzdem sie nichts verdienen, noch besondere Kosten verursachen. Scheue man sie aber nicht. Die Sträflinge werden dadurch, daß sie in frischer Luft sich bewegen und den Körper auszuarbeiten gezwungen sind, dem ferneren Siechtum entzogen werden und typhösen Erkrankungen, welche ganz gewiß zum großen Teile auf das Nichtstun und den Mangel an frischer Luft zurückzuführen sind, wird hierdurch wirksam vorgebeugt werden."

Wenn nun der Herr Justizminister sich erbitten ließe, was er gewiß gern thut, alle Gefängnisvorsteher, groß und klein, anzuweisen, unbedingt allen Arbeitsfähigen Arbeit zu geben, und zwar den Böswilligen in der letzt vorgeschriebenen Weise, so könnten die Strafrichter das Maß der Strafe ganz getrosten Mutes so viel abkürzen, daß die Kosten der Beaufsichtigung solcher Arbeiten mehr als reichlich ersetzt würden. — Es ist gewiß, daß dann die überwiegend große Zahl vorziehen wird, in der Freiheit nützliche Arbeiten zu verrichten, als in der Unfreiheit unnütze. Da hätte man keine Prügelstrafe u. s. w. nötig. Auf Grund der bestehenden Gesetze kann alles nötige trefflich geschehen und diese Zucht wäre auch immerhin eine große Barmherzigkeit gegen diese unglücklichen, planmäßig zum Müßiggang erzogenen Menschen.

Freilich ist mit diesem allem denjenigen nicht geholfen, die schon so weit zerrüttet sind, daß sie ohne eine dauernde feste Hand sich in der Freiheit überhaupt nicht mehr behaupten können. — Unsere Schuld gegen diese Elendesten ist schon sehr alt. — Liest man das klassische Büchelchen des seligen Professor Perthes über die Not der Heimatlosen und über das Verderben, welches die Vagabundenherbergen über sie gebracht hat, so meint man, seine Beschreibung gelte dem heutigen Tage, so sehr stimmt heute noch alles mit jener sogenannten „guten alten Zeit", als die erste Herberge zur Heimat zu Bonn gegründet ward, nur daß der Verderbensstrom breiter und tiefer geworden ist. — O! wie stark ist diese alte Garde altgewohnter Säufer, die durchaus Branntwein trinken und durchaus leben wollen, ohne zu arbeiten. Was soll aus ihnen werden? Was helfen da 6 Wochen Gefängnis? Was die Korrektionshaft, wenn sämtliche Leiter der Korrektions-Anstalten bekennen, daß eine sittliche Besserung in diesen Anstalten nicht erwartet werden könne? Wie schwer wiegt das Urteil des Oberstaatsanwalts zu Celle in seinem oben genannten Vortrage: „Einfache Bettler betreten diese Anstalten und ausgebildete Stromer verlassen dieselben." Den Leitern dieser Anstalten kann ein Vorwurf nicht gemacht werden. Die Zahl der hier zusammen=

gehäuften Menschen ist viel zu groß, das tief gesunkene Element zu mächtig, eine Scheidung der Anfänger auf der Lasterbahn von den fertig ausgebildeten Stromern kaum möglich, wenigstens thatsächlich nicht vorhanden, das Material an Wärtern zur sittlichen Einwirkung **nicht geeignet**; die Zeit, welche das Gesetz hier zur Besserung erlaubt, zu kurz und doch auch wiederum in dieser Gemeinschaft viel zu lang; die Lage dieser Unglücklichen selbst und ihre Zukunft eine **hoffnungslose**. Die aus der Korrektionsanstalt Entlassenen bekommen (wenigstens hier in Westfalen) 50 Pfennige bar in die Hand, die selten nur bis zur nächsten Stadt reichen*), und einen Schein, daß sie in der Korrektionsanstalt so und so lange gesessen haben, ein sicheres Mittel, ihnen jede Hoffnung auf Arbeit abzuschneiden und eine Entschuldigung für sie, sofort ihr altes Handwerk wieder zu beginnen; freudigst begrüßt von ihren alten Genossen und namentlich von den Vagabundenwirten, die solche Leute nötig haben für ihre Existenz und zur Anleitung der sogenannten „Kinder". Es gilt allgemein die Ansicht, daß ein aus einer Strafanstalt Entlassener die ersten sechs Wochen ungestraft betteln dürfe. Diese Ansicht ist natürlich dem Gesetze nach unrichtig, der Praxis nach aber im ganzen richtig, weil sich die Gensdarmen sagen: was kann es nützen, daß wir den Mann schon wieder einfangen, nachdem er eben ein Jahr oder zwei Jahr gesessen hat und doch mit diesem Zeugnis in der Tasche nirgends Arbeit finden kann. Man muß doch gestehen, daß es geradezu eine Unbarmherzigkeit und eine Unvernunft ist, einen Menschen, von dem man nicht die Sorge nur, sondern die Gewißheit hat, daß er nicht nur selbst dem Verderben entgegengeht, sondern auch andere ins Verderben hineinzieht (denn davon hat er zum Teil sein Brod), auf die Bettlerstraße hinauszustoßen. Dieselbe Not empfinden wir für die Unglücklichen, die zeitweilig in den freien Kolonien Zuflucht gesucht, aber die Freiheit in denselben nicht ertragen können und wegen Saufens 2c. fortgeschickt werden müssen. — Die Kolonien haben ja keine andere Strafe als die Entlassung. Was soll aus diesen Menschen werden? Hier wird allerdings nur eine Veränderung der Gesetzgebung helfen können. Eine immer neue Verurteilung in ein Korrektionshaus ist schlimmer als Sysiphusarbeit.

Meine sehnlichen Wünsche und Gedanken, für die Aermsten und Hoffnungslosesten unseres Volkes, sind folgende:

Ein Gesetz bestimmt, daß die Landes-Polizeibehörden denjenigen

---

*) Entläßt man sie mit einer größeren baren Summe, so hat es selten eine andere Frucht, als daß sie desto gründlicher einige Tage schwelgen.

Landstreicher, welche bereits **dreimal** (später kann man auf **zweimal** und **einmal** heruntergehen) in ein Landarmenhaus verurteilt worden sind, auf **unbestimmte Zeit** (wie es in den sächsischen Armenhäusern der Fall) oder doch wenigstens auf 4—5 Jahre bis zur erfolgten Besserung in eine **Staats-Kolonie** verurteilen, deren Kosten auf den Etat des Ministeriums des Innern übernommen werden. Mit diesem kurzen Gesetz hätte man genug. Die Staatsregierung muß es nur weise ausbauen. Die Einrichtung dieser Kolonien denke ich mir so: Es muß in denselben alles darauf angelegt sein, diesen Hoffnungs- und Heimatlosen wieder eine **Hoffnung** zu erwecken, sowohl für die Zeit wie für die **Ewigkeit**. Weil an diesen Unglücklichen schon am längsten und am meisten gesündigt worden ist, so muß ihnen die zarteste Sorgfalt, die größte Liebe entgegengebracht werden. — Wiewohl ihr Eintritt in die Kolonie ein erzwungener ist und ihre Verurteilung auf unbestimmte Zeit geschieht, muß ihnen doch von vornherein ein heller Blick in die Zukunft gewährt werden, die Möglichkeit, nicht nur sich früher hinzuarbeiten, sondern auch ein Eigentum zu erwerben. Die Kolonien müssen daher den schönsten Namen haben, etwa: „Heimatskolonie" und der Name muß dem Inhalte entsprechen. — „Gebt uns doch eine Heimat und die Hoffnung eines eigenen Herdes wieder," so habe ich diese Heimatlosen oft seufzen hören. — Dieser Seufzer ist wirklich zu erhören und kostet die Erfüllung zehnmal weniger, als diese Elenden eines langsamen, qualvollen Todes sterben zu lassen. Wie denn?

In einer großen Grünmoorfläche, deren Preußen noch 300 Quadrat-Meilen besitzen soll, denke ich mir allmählich ein sehr freundliches Dorf entstehen, in welchem sich nicht zu nahe beisammen ein Familienhaus an das andere reiht; ein jedes zu höchstens 30—40 Personen, welche sich inkl. Inventar, wie wir in Wilhelmsdorf gezeigt, sehr gut zu 5000 bis 6000 Mk. herrichten läßt; jedes unter einem Vorarbeiter, der den Kolonisten ein treuer väterlicher Freund ist, sich um Gottes Willen ihrer annimmt, mit ihnen arbeitet und sie von Herzen lieb hat. Es wird hier in sorgfältigster Weise individualisiert. — Jedes neue Haus, in das man versetzt wird, gewährt etwas mehr Vorteile und etwas mehr Hoffnung. Der Verdienst wächst stufenweise von einem Hause zum andern. — Zugleich aber auch kann **innerhalb** jedes Hauses der Fleißige **mehr** verdienen als der Träge, da nach Möglichkeit alles Akkordarbeit ist. — Es ist in Grünmooren bei dieser langen und **hoffnungsvollen** Arbeitszeit der Kolonisten und bei den äußerst geringen Generalkosten durchaus möglich, daß die Kolonie sich selbst durch die Kolonisten erhält und diese sich noch 100—200 Mk. jährlich **sparen**. Der Reinertrag der

Kolonie fließt in die gemeinsame Kasse. Jeder Kolonist bekommt nach gut bestandener Probezeit sein Sparkassenbuch, in welches sein Verdienst eingetragen wird und dieses Sparkassenbuch ist zugleich mit dem sittlichen Verhalten der Maßstab des Fortschritts von Station zu Station. Allwöchentlich hält der Direktor der Kolonie mit den Hausvätern Konferenzen ab, welche die Fortschritte der Kolonisten prüfen und in welchen denselben bestimmte Zeugnisse über ihr Verhalten gegeben werden. Eine bestimmte Anzahl guter Noten hintereinander bedingt den Fortschritt; doch wird bei schwächeren und alten Leuten in bezug auf den Arbeitsverdienst ein anderer Maßstab angelegt. Ein strebsamer Mann kann in zwei bis drei Jahren soweit kommen, daß man ihm sein Eigentum anvertrauen kann. Dies geschieht aber niemals in barem Gelde, sondern nur in Anweisung von Grund und Boden und dem nötigen Baumaterial für ein äußerst bescheidenes Häuschen. Es können sich für den Anfang drei bis vier fleißige Leute zusammenschließen, um ein eigenes Haus zu bauen, um miteinander zu arbeiten. Sie helfen sich so lange bis jeder sein eigenes Haus hat, dann wird auch der Acker geteilt und der eigne Herd gegründet. Diese zweite Kolonie ist ein Stück von der ersten entfernt und gewährt die Möglichkeit, auch einen eignen Herd zu gründen. Wer soviel erwerben will, daß er eine Familie ernähren kann, darf heiraten, doch darf in der ersten Generation Haus und Acker nicht verkauft noch an andere abgetreten werden. Wer nicht von der Anweisung auf Grund und Boden Gebrauch machen will, aber bereits die bestimmte Summe erworben hat, sowie das dazu nötige Sitten=Zeugnis, ist auch frei; aber sein Sparkassenbuch wird ihm erst nach zwei Jahren übergeben, nachdem er auch in der Freihet sich zwei Jahre lang tadellos geführt. Nur etwa bei einer Auswanderung in eine sichere überseeische Kolonie könnte ihm schon nach einem Jahre der Freiheit das Sparkassenbuch übergeben werden. Wird er während dieser Zeit wiederum bestraft, so verfällt sein Verdienst der Koloniekasse und er muß von vorn anfangen.

Es ist selbstverständlich, daß diese Kolonien konfessionell getrennt sein müssen. — Ich denke mir, zunächst im Osten und im Westen je zwei, eine katholische und eine evangelische. — Der Seelsorger hat beratende Stimme mit dem Direktor der Kolonie in bezug auf die sittlichen Zeugnisse; doch soll nie von dem Glaubensstande eines Mannes sein Fortschritt abhängig gemacht werden, sondern nur von seinem sittlichen Verhalten. Freilich werden außer diesen kräftigen Ermunterungsmitteln auch Zuchtmittel nicht vermieden werden können. Als Zuchtmittel würde dienen, daß das erworbene Geld im Sparkassenbuche bei schlechtem

Verhalten dem Betreffenden entzogen und dafür den anderen zu gute geschrieben würde; ebenso Rückversetzung in eine andere Station mit geringerer Kost und geringerem Verdienst u. s. w. Unverbesserliche, Widerspenstige, jede Arbeit Abweisende, müssen nicht zu lange Zeit in der Kolonie gehalten, sondern dem Zuchthause übergeben werden.

Es ist aber unmöglich, daß die Sache von vornherein in ihrem ganzen Umfange begonnen wird; sie muß vielmehr notwendig ganz im Kleinen beginnen und wachstümlich vorwärts gehen. Die neuen Kolonien müssen nicht verpflichtet sein, von vornherein alle ihnen von der Landes-Polizeibehörde Ueberwiesenen zu übernehmen, sondern man muß es ihnen überlassen, aus jeder Provinz einen gleichen Prozentsatz Verurteilter aufzunehmen und zwar nach den ihnen zugeschickten Akten. Die übrigen müssen zunächst noch in die Korrektionsanstalten. Es ist zweifelhaft, ob man zunächst die Allerschlimmsten nehme oder mit der hoffnungsreicheren Klasse begönne und erst allmählich zu den Schlimmeren fortschritte. Man könnte aber auch von beiden Sorten in verschiedenen Häusern aufnehmen, um Erfahrung zu sammeln. Es ist gewiß, daß diese Hilfe in allen Fällen viel billiger ist, als wenn man nicht hilft; denn leben wollen diese Menschen ja jedenfalls und ist gerade das Leben dieser alten Kunden in der Freiheit ein überaus teures nach allen Richtungen hin. Denn diese begnügen sich mit Wenigem nicht und ziehen andere in das Verderben hinein. Daß ich aber ausdrücklich die Kolonien als Staatsanstalt und nicht als Provinzial-Anstalt einzurichten bitte, liegt vor allem darin, daß ein großer Teil preußischer Provinzen gar keine solchen Ländereien besitzt, in welchen diesen armen Menschen eine solche Zukunft und solche Hoffnung gegeben werden kann. Denn nur in diesen Moorkulturen ist erfahrungsmäßig eine lohnende Arbeit und die Hoffnung auf Erwerb eines eigenen Besitztums möglich. Die Provinzen Rheinland, Westfalen, Hessen-Nassau z. B. würden hierbei ganz leer ausgehen. Die westfälische Senne wird nie durch solche eigene Kraft die armen Kolonisten zu einem auskömmlichen Eigentum gelangen lassen. Die Erfahrung hat untrüglich erwiesen, daß bei ernster Arbeit in den Moorländereien die zweite Generation schon zur Wohlhabenheit gelangen kann. Den noch unfreien Kolonisten würden namentlich die Kanalbauten und Entwässerungsarbeiten in größerem Maßstabe zufallen und für sie nie ein Mangel an Arbeit vorhanden sein. Die fröhliche Hoffnung des Gelingens dieses Planes liegt ferner in der bereits ganz sichern Erfahrung, daß eine sehr große Zahl in der Freiheit zügelloser und gänzlich haltloser Menschen, namentlich derer, welche im Brannt=

wein untergegangen sind, in fester Zucht auch in Korrektionsanstalten Jahr und Tag fleißig arbeiten. Das wird hier umsomehr der Fall sein, wo eine feste Lebens-Hoffnung vor ihnen liegt, welche in Korrektions= anstalten ihnen nicht geboten werden kann. Es ist wohl nicht zu be= zweifeln, daß in den Kammern eine Majorität für ein so barmherziges Gesetz zu erreichen wäre. Man muß nur nicht zu viel verlangen, sondern der Staatsregierung nachher das Beste überlassen: Die Anstellung barm= herziger Direktoren und ebensolcher Vorarbeiter für die Kolonisten. Mit Militär=Anwärtern ist hier allerdings nichts zu machen, wenigstens bei den ärmsten und untersten Schichten dieser Kolonisten nicht. Hierfür muß die Kirche beider Kofessionen ihre edelsten und hingebendsten Kräfte hergeben.

Es ist aber große Gefahr im Verzuge. Die Zunahme der Ver= pflegungsstationen und freien Kolonien fängt bereits an, diese unglückliche Klasse in die Enge zu treiben; täglich werden ganze Scharen derselben aus den Korrektionsanstalten aufs neue auf die Landstraße gestoßen, um dort mit aller Energie ihr Zerstörungswerk gegen die jetzt gebotene Hilfe, bei der es keinen Branntwein mehr geben soll, anzustürmen. Die Ver= zweiflung wird gerade diese zum Aeußersten treiben, wenn man sich ihrer nicht schnell mit fester Hand annimmt. — Die Kolonien selbst müssen solche Unglücklichen mit wahrer Herzensnot von sich ausstoßen und sie dem Verderben preisgeben, weil sie zu schwach sind, die in den Kolonien nötige Freiheit zu ertragen und ohne Branntwein nicht leben wollen. — Darum thut in dieser Sache die allergrößeste Eile not.

Den kräftigsten und zuversichtlichsten Hilferuf muß schließlich der Zentralvorstand an unsere kirchlichen Behörden richten; an den Kultusminister, den Oberkirchenrat, die Konsistorien und die Bischöfe. Unser ganzes Unternehmen ist ja ein Unternehmen christlicher Barmherzig= keit und ist überall von den freien Vereinen christlicher Liebesthätigkeit ins Leben gerufen. Es ist also vornehmlich Sache der Kirche. Darum ist es billig, daß auch die kirchlichen Behörden in erster Linie derselben ihre kräftige Förderung zuwenden und sie sind in der Lage, dies mit aller= leichtester Mühe zu thun, während ohne ihre kräftige Handreichung der Kampf ein hoffnungsloser sein wird. Den aus seinem richtigen Bette ausgetretenen Strom der Barmherzigkeit, die Almosen für die Hundert= tausende armer Pilgrime, wieder in das richtige Bette zu leiten, ist vor allen Dingen Aufgabe der Kirche und liegt in ihrem innigsten Interesse. Daß die Summe der in falsch verstandener Barmherzigkeit an den Thüren zum Verderben unserer Mitmenschen weggeworfenen Almosen eine so erstaunliche Höhe erreichte, nach der niedrigsten Schätzung zu 36 Mil=

lionen Mark jährlich), in Deutschland veranschlagt, liegt nach den gewissen Erfahrungen darin, daß bei weitem die Hauptmasse dieses Geldes, ich wage zu sagen 90 %, von den Thüren der Armen weggeholt wird. Die Bettler bringen überall in die Häuser der armen Fabrikarbeiter und Tagelöhner auch auf dem Lande ein, oft in fünf bis sechs Familien desselben armen Hauses und holen sich hier ihre Pfennige für den Schnapswirt fort und nicht bloß Pfennige, sondern auch Stücke Brod, einzelne Hände voll Erbsen, Gerste und anderen Materialien, welche dann alle zum Mästen der Schweine ꝛc. des Vagabundenwirtes zusammengetragen werden. — Bis zu 50 solcher Wanderer ziehen in einzelnen Gegenden **täglich** durch die Dörfer und pressen den armen Leuten diese so hohe Steuer in lauter kleinen Beträgen ab. Da nun ganz vorwiegend die Landbevölkerung in dieser Weise heimgesucht wird und gerade auf dem Lande der Einfluß der Kirche der weitreichendste ist, so kann sie hier allein kräftig helfen. Ich schlage folgende Bitten an die kirchlichen Behörden vor. Sie sind kühn, aber barmherzig, vernünftig und notwendig.

1. Es wird empfohlen, daß in allen Kirchen ein **besonderer Opferstock** für die armen Reisenden aufgestellt und die Gemeinden aufgefordert werden, allsonntäglich ihre an den Thüren weggeworfenen Gaben in diesen Opferstock zu legen. Diese Aufforderung muß zunächst eine ganze Anzahl von Sonntagen **nach einander** geschehen, und muß dabei oft wiederholt erklärt werden, wie **unbarmherzig und grausam** das Geben an den Thüren an fremde Bettler ist und hervorgehoben werden, daß nicht etwa ebensoviel, wie sonst, an den Thüren weggeworfen ist, in diesen Opferstock gelegt zu werden braucht, sondern daß nun **alle anderen Werke** christlicher Barmherzigkeit von den Kirchengängern bei den Kirchenkollekten sehr viel reichlicher unterstützt werden können, weil sie so sehr viel sparen. Es ist dabei allerdings vorausgesetzt, daß gleichzeitig die Naturalverpflegung ins Leben tritt. Auf diese Weise allein ist's möglich, den Hauptstrom der weggeworfenen Gaben in das richtige Bette zu leiten, weil bei den kleinen und armen Leuten sonst überhaupt nicht gesammelt wird, noch auch durch eine Steuer ihre Beihilfe erlangt werden kann. Sie stellen aber bei weitem das Hauptkontingent der Kirchgänger, und können nun hier allsonntäglich ihr Scherflein für die armen Reisenden richtig anbringen. Haben sie diese Gelegenheit nicht, so geben sie an den Thüren weiter. Die in dem Opferstock gesammelten Gaben fließen zunächst in die Hände der Superintendenten oder Dechanten und dienen in erster Linie zur Herstellung und Erhaltung christlicher Herbergen und Arbeitsstätten, innerhalb der betreffenden Synodalkreise oder Dekanate; doch so, daß der Regel

nach auf Anregung der Geistlichen und in Verbindung mit diesen kleine „Herbergsvorstände" ins Leben gerufen werden, welche die Gründung und Leitung der Herbergen mit Hilfe der kirchlichen Mittel in die Hand nehmen. Wir weisen hier auf das, was Seite 58, 59 und 60 und im Punkte 25 Seite 63 der Vorschläge gesagt ist. Es fällt also hier bei Einrichtung der Verpflegungsstationen, der leichtere Teil der Aufgabe der Kirche zu. Die Vertreter der Kommunalverbände beschaffen die Mittel für die Verpflegungsstationen, prüfen die Papiere der Reisenden, verweisen sie an die Herbergen, und bieten Sicherheit gegen jeden Mißbrauch dieser Wohlthat durch strenges polizeiliches Vorgehen gegen alle mutwilligen Bettler. — Die Kirche dagegen schafft die Herbergen und Herbergsväter, auch die Herbergsvorstände, mit welchen die Vertreter der Kommune die Kontrakte abschließen können. —

Wie die Verpflegungsstationen viel weiter reichen, und viel wichtiger sind als die Kolonien selbst, so ist es auch selbstverständlich, daß an den rechten Herbergsvätern, in deren Hände die von den Kreisen aufgebrachten Mittel zur Pflege der Pilgrime gelegt werden sollen, alles gelegen ist. Ohne solche Hände — dieser Beweis ist bereits geliefert — ist alle Mühe und aller Fleiß der Kommunalbeamten auf die Dauer ganz vergeblich*). Ist diese Aufgabe der Kirche von größter Wichtigkeit, so ist

---

*) Wir geben hier ein Stück aus der Reiseroute eines als völlig glaubwürdig erprobten Wilhelmsdorfers, aus welcher ersichtlich, wie traurig gegenwärtig noch der Zustand auch in den Gegenden ist, wo bereits Naturalverpflegungsstationen eingerichtet sind, und wie sehr eine einheitliche Regelung zu wünschen:

„Wegen meiner Gebrechlichkeit außer Stand gesetzt, stets die gerade Tour inne zu halten, mußte ich mich immer so einrichten, daß ich wenigstens abends eine Station traf.

Die erste Station, welche ich antraf, war P. Der Herbergswirt ein Schuhmacher, hatte die Station. Wir waren um 4 Uhr eingezogen, um 5 Uhr erhielten wir unsere Karten, auf welchen vorgedruckt stand: Verpflegungsstation giltig für Abendbrot, Nachtlager und Frühstück. Wir erhielten abends einen Teller Pellkartoffeln und einen halben Häring. Das Nachtlager, die nicht sehr sauberen Sitzbänke, und wo diese nicht ausreichten, den Fußboden angewiesen. Wer noch 15 Pfennige zum Zuzahlen besaß, konnte auch im Bette schlafen.

Dann kam ich nach K.; hier gabs Stadtgeschenk in Geld.

In B. befindet sich die Station in keinem Wirtshause und war ihrem Zwecke durchaus entsprechend.

In G. besitzt die Verpflegungsstation ein alter berechnender Herbergsvater. An den Wänden der Fremdenstube hängen große Plakate mit dem Vermerk: Branntwein wird hier nicht verabreicht. Abends gingen die Fremden vorne vor die Thür der Gaststube und erhielten hier Branntwein.

In R. befindet sich die Station auf der christlichen Herberge, und war die Verpflegung gut. Zum Bettschlafen mußte hier 1 Sgr. zugezahlt werden.

sie doch auch nicht zu schwer, denn **viele** Mitarbeiter teilen sich in dieselbe. Alle 2—3 Stunden von einander entfernt solch eine barmherzige, saubere Stätte für die müden Wanderer zu gründen, ist von der freien kirchlichen Liebesthätigkeit doch wahrhaftig nicht zu viel verlangt, wenn seitens der Kommunalverbände die volle Zahlung für die zu herbergenden Gäste geleistet wird, die nicht selber zahlen können. Ist es doch die erste gemeinsame öffentliche Liebesarbeit der apostolischen Kirche gewesen, diese Pilgerherbergen einzurichten, liegt doch auch wahrlich der Ernst des Wortes: „**Ich bin ein Gast gewesen und du hast mich nicht beherbergt**", sondern du hast mich in Mördergruben gestoßen, wie sie gräulicher auf Erden nicht auszudenken sind, bereits als eine furchtbare Last in erster Linie auf dem Gewissen der Kirche.

Es herrscht außerdem vollste Einstimmigkeit sämtlicher erfahrenen

In S. sollte auf landrätliches Verlangen eine Stunde gearbeitet werden.

Die anständigste Station traf ich in L., wo das Mittagessen kräftig; was die Arbeitsleistungen anbetrifft, so muß der Reisende, welcher im Kloster die Nachtstation benutzt, kommenden Morgens zwei Stunden bei den Bürgern arbeiten.

In P. müssen diejenigen Fremden, welche die freie Station benutzen wollen, teilweise Straßen reinigen, Kuhställe reinigen, Schutt schleppen 2c. Reisende, welche ankamen und hungrig waren und welche noch sehr gute Sachen anhatten, sah ich mit kümmerlicher Miene weiterziehen, ohne die Station anzunehmen. Ob nun die Beschäftigung dieser Art, oder die Besorgnis der Kleiderverderbung Grund dazu waren blieb mir unbekannt.

Es wurde von einem jungen Manne erzählt, daß der Herbergswirt in B. zum Bettschlafen sich noch 5 Pfg. zahlen ließ. Als dieses landrätlicherseits zur Kenntnis gelangt, wurde derselbe mit 3 Mk. Strafe belegt, weil dort die Fremden, welche Station nehmen, durchaus nicht im Bette schlafen sollen.

Wenn nun der Handwerker noch gute Sachen hat, so muß er sich dieselben doch auf der schmierigen Sitzbank verderben. Wenn er noch rein ist, so muß er unter den Arbeitern, Knechten u. s. w., worunter so rohes Gesindel sich befindet, welche manchmal schrecklich verlaust, ein Vergnügen daran finden, andern, welche noch rein sind, Läuse u. s. w. anzusetzen. Ferner traf ich blutjunge Bürschchen, welche pekuniär gezwungen waren, solcher Art zu nächten, welche dennoch durch Verkauf von Gegenständen oder Vertauschen sich Schnaps verschafften — um nachts warm zu liegen. Denn bei den Stationen in Wirtshäusern findet sich immer eine Hinterthür, um Branntwein loszuwerden. —

Meiner Ansicht nach werden sich überall wohl reell denkende Handwerksmeister finden, welche um der guten Sache willen gerne die Verpflegungsstationen übernehmen. So lange Wirtshäuser die Verpflegung halten, wird der Zweck der Unterdrückung des Branntweingenusses nie erreicht werden. In P., woselbst ich nachts war und freie Station erhielt, war der Branntweinverkauf Haupteinnahme des Wirtes, also gar nicht einmal beschränkt; ebenso in H. Es findet sich niemand zur Uebernahme der Verpflegung und der Herbergswirt treibt sein Unwesen nach wie vor fort.

Hausväter der Herbergen zur Heimat, daß auch in kleinen Städten solche Herbergen sehr wohl einzurichten sind, wie es das Vorbild von Goldberg, (siehe Seite 59), beweist. Wird seitens der Herbergsvorstände Zucht geübt und keinem Faullenzer solche Herberge geöffnet, so können dieselben gleichzeitig auch in kleinen Städten sehr wohl als Kosthaus für Gesellen und Lehrjungen, als Versammlungsort für Jünglingsvereine u. s. w. dienen, und schreckt es e r f a h r u n g s m ä ß i g keinen ordentlichen Wanderburschen ab, wenn dort auch ganz arme Wanderer einkehren, die sich ihr Herbergsrecht erst verdienen. Kann es jedem doch leicht auch so gehen. Auf diese Weise werden auch kleine Herbergen lebensfähig. Auch die Einrichtung der Arbeitsstelle wird seitens der freien Vereine leichter in die Hand genommen als seitens der Verwaltungsbehörden, sie bewahrt dann den Charakter der freien Barmherzigkeit, und der Schein eines Staatsinstituts, welches Arbeit geben m u ß, wird vermieden.

Allein diese große Zahl von christlichen Herbergen dürfen bei aller Mannigfaltigkeit, die Landessitte, Umstände und Persönlichkeiten mit sich bringen, doch nicht ein zersplitterter regelloser Haufen sein, sondern sind unter einander organisch zu verbinden, wenn sie vollen Segen bringen sollen, und auf feste gemeinsame Grundsätze zu bauen. Sie müssen alle in einen gemeinsamen deutschen, christlichen Herbergsverband zusammengefaßt und unter einen Zentralvorstand gestellt werden. Dieser Zentralvorstand muß sich in zwei Sektionen, für evangelische und katholische Herbergen teilen, deren jede völlig selbstständig ihre Arbeiten treibt, doch so, daß sie sich gegenseitig nicht schädigen, sondern fördern. Sie treten gemeinsam auf in ihren Bitten der Staatsregierung und Gesetzgebung gegenüber, und sie verhandeln mit einander in Bezug auf die Teilung der Arbeit. In vorwiegend evangelischen Gegenden sind die Herbergen evangelisch, in vorwiegend katholischen Gegenden katholisch; in gemischten Gegenden teilt man sich brüderlich in die anzulegenden Stationen. In großen Städten muß jede Konfession ihre Herberge haben.

Aber der Zentralvorstand bedarf auch Mittel, um gründlich wirken zu können. Er muß besondere Agenten anstellen, die ihre ganze Kraft ausschließlich dieser Sache widmet. Es wird das Richtige sein, daß der evangelische Zweig des zu bildenden Vorstandes sich eng an die bereits vorhandenen Bestrebungen zur Förderung der Herbergssache anschließt, welche der Zentral=Ausschuß der innern Mission zu Berlin in die Hand genommen hat. Es dürfte sich etwa empfehlen, daß je zwei Mitglieder aus dem Zentral=Ausschusse der inneren Mission, zwei aus den Vorstehern der bestehenden Brüderhäuser (als den Bildnern der Herbergsväter), zwei aus dem Vorstande der Arbeiter=Kolonien entnommen würden; dieser Vorstand könnte sich durch Kooptation ergänzen und seinen Präses selbst wählen. Seitens der katholischen Kirche müßte dann durch deren kirchlichen Organe eine gleiche Organisation getroffen werden. Die Kolping'schen Gesellenvereine leisten ja Vortreffliches, und sollten ebenso, wie die evangelischen Jünglingsvereine überall für die Herbergen zur Heimat das Salz hergeben, indem sie wenigstens an den kleineren Orten in diese auch ihr Vereinslokal verlegen. Aber sie reichen doch nur einer sehr kleinen

Zahl von Wanderern die Hand, und der bedürftigere Teil genießt bisher ihren Segen nicht. Sie bedürfen also sehr der Erweiterung.

Um nun dem Vorstande der deutschen Herbergsvereins Macht und Mittel zu gewähren, teils zur Anstellung der Agenten, teils zur Unterstützung schwacher Punkte in dem Herbergsnetze, so würde an einem Sonntage des Jahres, sowohl in den evangelischen, wie in den katholischen Kirchen die Sammlung für arme Pilgrime dem Zentral-Vorstande zufließen, selbstverständlich jeder Sektion ausschließlich die Sammlung aus ihrer Kirchen-Gemeinschaft. Die Arbeit dieses mit solchen Mitteln ausgerüsteten Vereins würde eine außerordentlich dankbare sein. Man kommt ja nicht nur mit leeren Wünschen und Ratschlägen, sondern da überall die Mittel zur Einrichtung der Herbergen aus den Sammelbüchsen reichlich vorhanden sind, und wo sie nicht ausreichen, sie gewährt werden können, so werden die betreffenden Ratschläge zur einheitlichen Ausführung der Herbergen mit Freuden angenommen werden. Geldmittel allein thun es nicht, wenn man nicht klar weiß, wie man dieselben verwenden soll. Die Aufgabe des Zentralvorstandes ist es daher, den einzelnen Orten mündlich und schriftlich alle vorhandenen Erfahrungen zuzuführen und mit liebreichem Drängen nicht nachzulassen, bis die Herberge an den notwendigen Stellen fertig ist. — Ausschließliche Benutzung solcher Herbergen durch die Organe der Kommunalverbände bei Unterstützung der Reisenden wäre einerseits ein Mittel, diese Herbergen zu heben und zu erhalten, andererseits auch ein Mittel, Zucht zu üben gegen alle, welche sich in die feste, einheitliche Ordnung nicht fügen wollen.

Auf diesem Wege ist die baldige Erfüllung der Hoffnung des seligen Gründers der Herberge zur Heimat nicht unmöglich, daß das überaus weitmaschige Netz der Herbergen so eng zusammengezogen wird, daß jeder ehrliche Wanderer jede Nacht sein Haupt an sicherer Stätte niederlegen kann und nicht fernerhin von mindestens 200000 Wanderern etwa 195000 größtenteils in Mördergruben zubringen müssen, in welchen sie an Leib und Seele planmäßig zu Grunde gerichtet werden.

In größeren Städten würden mit Hilfe der neu zufließenden Mittel, teils mehrere Herbergen gegründet, teils diese so erweitert werden, daß den am Orte weilenden einzelnstehenden Arbeitern aller Klassen besondere gesellschaftliche Lokale eröffnet werden könnten, in welchen Branntwein ausgeschlossen, aber für gesittete Unterhaltung und geistige Stärkung im christlichen Geiste gesorgt würde. In kleineren Ortschaften würden diese Pilgerherbergen unter einem christlichen Hausvater ebenfalls erweitert werden können, nicht nur als Kosthäuser für Lehrjungen und Gesellen, sondern auch als Versammlungslokale für alle möglichen Bedürfnisse christlich-gesitteten Volkslebens; und nicht bloß für die Jünglinge, sondern auch für die Meister und Bürger, besonders als Gegengewicht gegen den unordentlichen Wirtshausbesuch.

Diese Versammlungslokale würden auch zu Vorträgen belehrenden und erbaulichen Inhalts selbst in kleineren Städten eine gesegnete Stätte werden. Es wäre jeder kleineren Stadt ein solches christliches Gemeinde- oder Vereinshaus in Verbindung mit der Pilgerherberge zu gönnen.

Das Wunderbare bei dieser ganzen Sache ist wiederum dieses (ach daß man es nur glauben möchte!) daß sie nicht nur nichts kostet, sondern auch der Kirche für ihre Zwecke im Lauf der Jahre Millionen zuführt, welche jetzt nur verwendet werden, um so viel Unglückliche in einen qualvollen Martertod hineinzustoßen. Die Kirche ist einerseits viel zu arm, um sich einen solchen unermeßlichen Luxus erlauben zu dürfen, unter dem Namen christlicher Barmherzigkeit solche ungeheuren Summen an den Thüren zu verschwenden; andererseits hat sie in erster Linie die Mittel in der Hand, den falschfließenden Strom der Barmherzigkeit in das richtige Bette zu leiten. Wenn von den mindestens 36 000 000 Mark, die bisher an den Thüren weggeworfen wurden, nur $^1/_{100}$ in die Opferbüchsen an den Thüren gelegt wird, so reicht dieses völlig hin, binnen kurzer Zeit ein vollständiges Netz von barmherzigen Verpflegungsstationen herzurichten, ohne eine Branntweinherberge ferner in Anspruch zu nehmen. Grade auch den Dienern der Kirche wird nicht nur viel Zeit und Mühe erspart, welche sie jetzt in hoffnungsloser Weise an die armen Pilgrime wenden müssen, sondern auch vor allen Dingen eine schwere Gewissenslast vom Herzen genommen. Schon der selige Spener hat, wie eine am 13. Sonntage nach Trinitatis 1695 in der Nikolaikirche zu Berlin gehaltene Predigt, über das Thema: „Von christlicher Verpflegung der Armen, als nach kurfürstlicher gnädigster Verordnung das Gassenbetteln in den kurfürstlichen Residenzstädten abgeschafft", beweist, sowohl in Frankfurt wie in Berlin in ausführlichster Weise von der Kanzel diesen Gegenstand behandelt und soweit ersichtlich haben diese wiederholt gegebenen Belehrungen der Gemeinde den größten Einfluß gehabt. Die kirchlichen Behörden werden darum zweifellos mit größter Sorgfalt die in diesem Stück an sie gerichteten Bitten prüfen und nach Kräften unterstützen.

Hiermit wäre auch zugleich die letzte nicht leichte Frage:

F. Die Beschaffung der materiellen Mittel für die Kolonien und Verpflegungsstationen

der Lösung näher gebracht. Was kostet eine Kolonie in der ersten Einrichtung, was ihre Unterhaltung? Was kosten die Verpflegungsstationen? Diese Fragen sind oft gestellt und nicht leicht beantwortet.

In Wilhelmsdorf ist unter Benutzung alter, billig erworbener Gebäude dem einzelnen Kolonisten für ca. 150 Mark ein einigermaßen behagliches Obdach incl. Bett und Inventar geboten. Der Ankauf der Landwirtschaft von 650 Morgen incl. der nötigen Gebäude und des Inventars kostet ungefähr 90,000 Mark. Der Unterhalt eines Kolonisten hat pro Tag incl. der Zinsen für den Ankauf der Grundstücke und der Inventar-Landwirtschaft 85 Pfg. gekostet, wovon er, wie mit ziemlicher Sicherheit angenommen werden kann, durch die geleisteten Meliorationsarbeiten nicht unter 44 Pfg. abverdient hat. Es bleibt also pro Jahr und Kopf ein Zuschuß von ca. 150 Mk. Mit diesen 150 Mk. ist aber 4—5 Versinkenden die Hand dauernd gereicht. — Sind erst alle 17 Kolonien eröffnet, die gegenwärtig geplant sind, so ist nicht anzunehmen, daß in gewöhnlichen Zeiten jede Kolonie im Durchschnitt des Jahres mehr als 150 Kolonisten zu beherbergen hat. Wilhelmsdorf hatte bis jetzt für die drei östlichen Provinzen mit etwa 6½ Millionen Einwohnern allein zu sorgen und stieg doch im Sommer durchschnittlich nur auf 200, (wiewohl während der Sommerzeit auch aus den östlichen Provinzen niemand abgewiesen wurde,) im Winter auf höchstens 380 Kolonisten.

Es wird also nicht anzunehmen sein, daß jede Kolonie durchschnittlich einen größeren Zuschuß, als 22500 Mark pro Jahr zu leisten hat. Nehmen wir nun wirklich an, daß noch drei Kolonien mehr hinzutreten, also statt 17, 20 für das Deutsche Reich, (auf etwa je 2 Millionen Einwohner eine Kolonie,) so würde dies eine Ausgabe von 20 mal 22500 Mk., also 450000 Mark jährlich verursachen. Diese Annahme ist als Durchschnittszahl gewiß hoch genug, um so mehr, da Moorkolonien wahrscheinlich um die Hälfte billiger arbeiten können, wie unser Wilhelmsdorf. Auch ist mit Zunahme der Kultur innerhalb der Kolonien sicher anzunehmen, daß in jedem Jahre die Kosten abnehmen werden, wenigstens in denjenigen, welche auf eine allmähliche Erweiterung durch Urbarmachung unbebauten Landes basirt sind. —

Hierzu kommen nun noch die Ausgaben für die Verpflegungsstationen. Nach den bisherigen Erfahrungen ist zu hoffen, daß jeder Kreis von durchschnittlich 50000 Einwohnern für die Verpflegungsstationen mit einem Zuschuß von 1500 Mark ausgereicht wird. Hierbei ist vorausgesetzt, daß diese Herbergen mit Arbeitsleistung verbunden und nicht in öffentliche Wirtschaften verlegt sind, in denen Branntwein gereicht wird. (Ohne diese beiden Voraussetzungen ist das Doppelte zu veranschlagen.) Dies gäbe für ganz Deutschland bei ca. 40 Millionen Einwohnern eine Ausgabe von 1200000 Mark. Also für Kolonien und Verpflegungsstationen zusammen wären jährlich 1650000 Mark auszugeben. Dies sind ja freilich nur Durchschnittszahlen, die sich je nach dem Maße größerer oder geringerer Arbeitslosigkeit der Bevölkerung ändern. Ebenso schwanken ja auch die Ausgaben, welche bisher für die mittellosen Reisende in ganz Deutschland gemacht, zwischen den Zahlen von 36 und 170 Millionen Mark im Jahre. Es ist aber klar, daß, wenn selbst die niedrigste Berechnung von 36 Millionen zu hoch gegriffen wäre, ja doppelt zu hoch, — was unzweifelhaft nicht der Fall, — selbst dann der Satz seine Richtigkeit behält, daß es unvergleichlich billiger ist, armen Pilgern zu helfen, als sie umkommen zu lassen, ja zum mindesten 10 mal billiger. Die Mittel zur Errichtung der Kolonien und Verpflegungsstationen sind also da, überreichlich da, und es kommt nur darauf an, dieselben aus dem falschen in das rechte Bette zu leiten, und hierbei wird es wiederum nötig sein, daß man einigermaßen Gerechtigkeit walten läßt und dieselben Personen zu weisem Gebrauch der Mittel heranzieht, welche dieselben bisher unnütz weggeworfen haben. Da muß nun zugegeben werden, daß die wohlhabenden Klassen in den feineren Quartieren der Städte, die am besten von der Polizei bewacht sind, und wo die Schilder an den Thüren den armen Wanderer gleich wegweisen, verhältnismäßig wenig zu der bisherigen großen Last der Erhaltung des Vagabundentums beigetragen haben. Den größten Teil tragen in den Städten gegenwärtig die Bewohner der ärmeren Vorstädte, die arbeitende Bevölkerung bei, in welchen sich der abgerissene Wandersmann ungeniert bewegen kann. Die Hauptlast fällt aber auf das Land und auch hier, (wenn ich die westfälischen Verhältnisse ins Auge fasse) gewiß zu 90 % auf die kleinen Leute, z. B. im lippeschen Lande, auf die Tausende von Zieglerfrauen, deren Männer draußen in Arbeit stehen. Will man nun die ganze Last denjenigen allein aufbürden, welche bisher den kleinsten Teil getragen, so entsteht Unwille, und die Sache kommt ins Stocken. Das Geheimnis der ungeheuren Summen, die an den Thüren erpreßt wurden, liegt in den zahllosen kleinen und kleinsten und darum nicht berechneten Gaben; in Westfalen 50 pro Woche in jedem Hause.

Diesem Geheimnis muß man ein anderes Geheimmittel entgegensetzen — man muß öfter bitten und das kann nur durch die kirchlichen Sammlungen geschehen. — Statt wöchentlich 50 mal, doch wenigstens einmal den Opferstock hinstellen für diesen Zweck. Das ist der einzige Weg, neben den großen Steuerzahlern in mildester Form alle diese Tausende heranzuziehen, welche bisher die Hauptlast getragen haben, und es wird hiermit die wirksamste Waffe geboten, gerade dem Hauptstrom der weggeworfenen Gaben die rechte Verwendung zu geben. Es ist notwendig, daß der Steuerbetrag, der auf die einzelnen Kreise gelegt wird, um die Naturalverpflegungsstationen zu unterhalten, auf die Dauer so niedrig wie möglich sei, sonst tritt Verbitterung ein und wird auch die Willigkeit, freiwillige Opfer für die Kolonien herzugeben, zerstört und ihre Existenz in Frage gestellt.

Durch nichts aber wird die ganze Last so sehr erleichtert, als durch Herstellung guter Herbergen, mit treuen christlichen Hausvätern, auf die man sich nach allen Seiten verlassen kann. Die Macht des sittlich-religiösen Einflusses, unter welchen auf diese Weise der ganze Strom der armen Wanderer gestellt wird, überwiegt bei weitem alle anderen Mittel, welche gefunden werden können, um diesem Elend die Stirn zu bieten. — Durch diese vermittelst der kirchlichen Sammlungen ins Leben gerufenen christlichen Herbergen wird zu gleicher Zeit auch die pekuniäre Last ganz gewiß auf die Hälfte heruntergedrückt, welche seitens der Kommunalverbände für die Verpflegungsstationen gefordert wird. Der Möglichkeit, die etwa erbettelten Gaben zum Branntweingenuß zu verwenden, wird dadurch jeder Ausweg genommen und gleichzeitig damit den Vagabundenwirtschaften der Boden unter den Füßen weggezogen. —

Vor der Hand wird es aber durchaus nötig sein, daß auch die Oberpräsidenten alljährlich eine Hauskollekte für die Kolonie ihrer Provinz bewilligen. Von einer Belästigung durch diese Kollekte kann nicht die Rede sein, da diese Sammlung zugleich das Mittel bietet, die ungezählten unlegitimierten Sammler von den Thüren abzuhalten. Wenn sichere Beweise vorliegen, daß durchschnittlich bisher mindestens 1000 bis 2000 Bettler jährlich an jeder Thür entlang gewandert sind, so ist es ja klar, welch ein unbeschreiblich vorteilhafter Tausch durch die Bewilligung einer solchen Hauskollekte der Bevölkerung geboten wird. Ja, die Oberpräsidenten können von nun an für wirklich gute Zwecke ohne Scheu neue Sammlungen in größerer Zahl gestatten, wenn diese Plage von den Thüren weggenommen ist. Die Erfahrung hat auch ergeben, daß diese Sammlungen verhältnismäßig größere Beiträge liefern, als jede andere Hauskollekte, der sicherste Beweis, daß dieser Tausch von der Bevölkerung als eine Wohlthat empfunden wird. —

Schließlich werden auch die Provinzialstände, wie sie bereits bisher gethan, zur Unterstützung der Sache offene Herzen und Hände haben. Die Art der Unterstützung, welche die westfälischen Stände bisher der westfälischen Kolonie gewährt haben, dürfte sich recht empfehlen. Es sind nämlich Wilhelmsdorf $2/3$ der Ankaufsumme von Grund und Boden nach dem Katasteral-Reinertrage berechnet, unverzinslich gewährt und in die erste Hypothek eingetragen worden. Hierdurch wird den Ständen ihr Kapital völlig sicher gestellt, indem ja der Grund und Boden durch die Meliorationen außerordentlich an Wert steigt. Zugleich ist den Vorständen der Ackerbau-Kolonien damit ein Stachel gegeben, fleißig um ihre Existenz zu ringen, denn ihr unverzinsliches Kapital würde ihnen ja gleichzeitig mit dem Eingehen der Kolonien verloren gehen. Ist das Anlage-Kapital einmal dargeliehen, und bewährt sich die Sache, so wäre es erwünscht, wenn sich die sämtlichen Provinzialstände über einen gleichmäßigen Beitrag einigten, den sie den Kolonien zufließen lassen, etwa pro Tag und Kopf einen Zuschuß von 10 Pfennigen. Eine solche Hilfe können sie unzweifelhaft im eigenen Interesse gewähren. Es ist vollständig gewiß, daß eine bedeutende Anzahl von Arbeitslosen freiwillig in den freien Kolonien arbeiten, die sonst gezwungen in die Korrektionsanstalten überwiesen werden, weil ihnen nicht rechtzeitig geholfen wurde. Unter diesen Umständen dürfte ein Zuschuß von 4—5000 Mk. im Jahre für die Stände jeder Provinz eine ihrer am besten angelegten Ausgaben darstellen.

Wenn in dieser Weise jeder der verschiedenen Faktoren seine Schuldigkeit thut, und namentlich die Kolonisten recht fleißig arbeiten, so kann die materielle Erhaltung der Kolonien keine dauernde Schwierigkeit machen.

Nachträge.

A. Blicke in die Vagabundenherbergen.

Wir bringen hier ein einziges Bild aus dem Leben eines Wanderers, der nun grade auf dem Punkte angekommen ist, wo er in den Schmutz der Vagabundenherberge versinkt.

„Mit dem letzten Groschen komme ich in die Herberge. Das Bier in den meisten dieser Lokale ist selten zu genießen, denn die Reste, welche in den vordern Gastzimmern in den Gläsern gefunden werden, werden wieder auf Flaschen gefüllt und dies gibt das sogenannte „Fremdenbier". Wer diese Kunstgriffe bereits kennt, verzichtet auf Bier und läßt sich einen Wachtmeister einschenken. Das ist $1/16$ Liter und der Preis dafür 10 Pfennige. (An anderen Orten gibt es auch gleich größere Quantitäten, nämlich $3/4$ Liter, fast eine Weinflasche voll schlechten Fusel für 25 Pfennige.) Der letzte Groschen ist nun ausgegeben; was ist nun zu machen? Da sind in der Herberge verschiedene Arten Leute von allerlei Handwerk vertreten. Vielleicht ist einer darunter, der noch im Besitz von Geld ist. Man fühlt diesem und jenem auf den Zahn, aber vergeblich. Von seiten der Herbergswirtschaft wird mit Argusaugen gewacht, daß nicht etwa Schnaps in die Flasche aus einem Laden eingeschmuggelt wird, geschieht dies dennoch und wird einer dabei abgefaßt, so wird er ohne weiteres an die Luft gesetzt, vielleicht auch geprügelt. Jetzt kann er im Freien logieren. Der Herbergswirt muß nun einmal alles haben, was zusammengebettelt wird. Ausgaben für den Schneider und Schuster sind dem Kunden unbekannt. Hat man nun wenig oder nichts mehr zu vertrinken, so hat man sich aller möglichen Chikane zu gewärtigen. — Fast überall trifft man sogenannte Kommandobrüder; das sind die Stammgäste der Herbergen. Diese führen gegenüber dem wirklich Fremden das große Wort und stehen stets mit den Wirten auf vertrautem Fuße. Auf einen Wink desselben läßt sich Freund Großmaul mit dem Fremden in ein Gespräch ein, horcht ihn aus, lacht ihn aus, wenn derselbe wagt, Arbeit und Geschäft zu erwähnen: „Betteln" ist viel einfacher, bringt mehr ein, man ist sein eigener Herr und hat stets Geld genug zum Versaufen; das ist die richtigste Lebensanschauung. Der Fremde klagt jetzt über Kalamität in seiner Kasse und gibt zu verstehen, daß, wenn es nicht anders sei, er einen Teil des Inhaltes seines Berliners versetzen oder verkaufen will. Der Freund übernimmt sofort die Maklerfunktion. Sind die Kleidungsstücke noch gut, so eilt das Geschäft nicht; morgen ist ja auch noch ein Tag. Ein paar Wachtmeister kannst du dir schon so darauf einschenken lassen, der Vater pumpt ja recht gern. Jetzt wird weiter getrunken bis 11 Uhr nachts oder auch später, so wie es der Vater in seinem Interesse für gut findet. Wankend und schwankend geht es jetzt zu Bette, wenn solches den Namen eines Bettes verdient. Die meisten dieser Lokale haben so wenig Tageslicht, daß man den Schmutz auch bei Tage nicht erkennen kann, dazu sind die Augengläser zu stier und unfähig, etwas zu unterscheiden. Die Hauptsache ist jetzt, den Rausch auszuschlafen. In solchem Zustande fühlt man auch nicht, wie die zahlreichen verschiedenen kleinen Einwohner den Schläfer attaquieren; auch diese verlangen Teil an der Beute. Längst steht die Sonne am Himmel, als der Schläfer seine schweren Augenlider öffnet. Es ist düster in seinem Kopfe, die Glieder sind bleischwer, kaum ist er im stande, sich anzukleiden. Er sieht nicht mehr, ob seine Kleider schmutzig sind, ob er sich rein gewaschen, sich sauber gekämmt hat, wie früher. Das sind jetzt Nebensachen. Nun erinnert er sich des gestrigen Abends mit Schrecken. Du hast Schulden gemacht. Langsam geht er ins Fremdenzimmer; freundlich wird ihm von dem Wirte guten Morgen gewünscht, die übrigen Zechbrüder wissen schon, was ihm fehlt. „He, alter Junge, wenn es weiter nichts ist; zuerst noch einen tüchtigen drauf setzen;" und nach dem ersten Glas Branntwein beruhigt sich schon das Blut; es zeigt sich sogar ein wenig Appetit, man ißt ein wenig. Mittlerweile kommen noch die übrigen Leidensgefährten in ähnlicher Verfassung wie er dazu. Wer noch einige Pfennige hat, vertrinkt dieselben sofort, um sich zu kurieren. Die übrigen sitzen im dumpfen Brüten: wo kriegen wir heute Schnaps her? Jetzt wird es Zeit, daß wir an das Geschäft denken. — Die zu verkaufenden Kleidungstücke werden gemustert und mit geringschätzigem Lächeln wirft sie der Vater aus der Hand. „Was soll ich damit, wie viel denkst du dafür zu bekommen?" Kurz und gut, er nimmt sie aus purer Gnade und Barmherzigkeit und schenkt gleich noch ein paar Wachtmeister ein. Er bringt es richtig dahin, daß der ganze Berliner ausverkauft und vertrunken wird, wobei denn der wackere Vermittler des Geschäfts und einige andere Genossen treulich mithelfen. Kaum 10 % von dem wirklichen Wert der versetzten Kleidungstücke wird von dem Wirte vergütet. „Heiße Thränen würde manche Mutter weinen über ihren Sohn, wenn sie wüßte, auf welchen Markt die Mitgabe ihres Sohnes in die Fremde ging."

Nun wird dann weiter berichtet, wie der Wirt sich nicht damit begnügt, nur den Inhalt des Berliners von seinem armen Opfer erhalten zu haben, wie derselbe nun zum Dank für den billigen Verkauf instruiert wird, wie er weiter durchs Leben kommt. Die Schule wird am besten gleich an Ort und Stelle durchgemacht. Die Sache ist sehr einfach, sagt der hilfreiche Freund von gestern, „du gehst fechten". Es wird ein förmlicher Feldzugsplan entworfen und der Herbergsvater gibt die Adressen an, wohin man sich wendet. Der Feldzug wird am besten um die Mittagszeit ausgeführt, da ist man vor der Polizei sicher; die Herren wollen auch essen und halten vielleicht eine kleine Mittagsruhe. Da sieht eben der Herbergsvater, daß die Stiefel noch recht gut sind. Halt, da ist noch etwas zu machen. Die Stiefel werden einstweilen gegen ein Paar eingerissene Schuhe vertauscht, die Füße womöglich verbunden, daß es scheint, als wären sie durchgelaufen und entzündet. Es gibt noch immer viele gutherzige Leute, namentlich Frauen, die ihm dann Stiefel und Strümpfe schenken werden. Bevor aber ins Feld gerückt wird, muß zuvor noch ordentliche Kourage getrunken werden. Im leisen Dusel sicht sich's am besten, — die Schnapsflasche muß immer hinten in der Tasche sein. Auf die Stiefel borgt der Vater noch gern ein paar Wachtmeister und es heißt dann: „Wenn ein Kerl, wie du, nichts machen kann, kann es keiner mehr." Der freundliche Saufbruder versteht es ausgezeichnet, seinem Opfer alle Bedenken wegzureden und der Branntwein thut das übrige. Ist das Geschäft das erste mal gut abgelaufen, so bleiben wir natürlich morgen auch noch hier. Selbstverständlich geht morgen das Betteln und Borgen aufs neue an. Der Herbergsvater muß die übrigen brauchbaren Kleider auch noch haben, in welchen sich's sowieso nicht gut bettelt und so geht es in derselben Herberge fort, bis alle anständigen Kleider dahin sind. Der Wirt nimmt alles, was zu gebrauchen ist und alles wird in Branntwein verschluckt. Zum klaren Bewußtsein kommt man nicht mehr, es geht aus einem Taumel in den andern und der Vater thut redlich was er kann, aus einem Bettlerdilettanten einen fertigen, gewerbsmäßigen Bettler zu machen. Und thut es der erste nicht, so thut es der zweite und dritte seiner Nachfolger, deren jeder, um leben zu können, möglichst lange seine Opfer bei sich behält. „So geht es dann bergab; man fürchtet sich bald vor nichts mehr; göttliche und menschliche Ordnung werden veracht und verhöhnt, Schwindeleien aller Art und Gelegenheits=Diebstähle machen auch keine Schwierigkeiten mehr, das Gewissen wird im Branntwein ersäuft, an Arbeit nicht mehr gedacht, von einem Tage zum andern getrunken und gebettelt und in dieser Weise verstreichen Tage, Monate und Jahre. Von Zeit zu Zeit wird man einmal von der Polizei abgefaßt und im Gefängnis mit einigen Tagen Haft bestraft. Das macht noch nicht viel aus, bis plötzlich der Richterspruch lautet: Ueberweisung an die Landesbehörde."

Soweit aus den Erlebnissen eines dieser schmerzlichen Opfer unserer Vagabundenherbergen. Es liegen verschiedene Zeugnisse vor, daß ein einziger Vagabundenwirt es fertig gebracht hat, wie in diesem Falle, einem jungen Anfänger seine ganze Habe zu nehmen und ihn in Bettlerkleidern, nachdem er völlig ausgesogen, weiter ziehen zu lassen. Die schändlichsten Greuel dieser Nachtherbergen, über welche junge Leute in ihren Lebensläufen seufzen, lassen sich dem Papiere gar nicht anvertrauen.

B. Fundamentalsätze für Verpflegungsstationen.

In der ersten ordentlichen Sitzung des Zentralvorstandes der vereinigten Arbeiter=Kolonien zu Berlin am 16. und 17. Februar d. J. wurden in bezug auf die Verpflegungsstationen nachfolgende Fundamentalsätze nach eingehender Beratung einstimmig acceptiert:

a) Die Naturalverpflegungsstationen bilden die unerläßliche Grundlage zur Bekämpfung der Wanderbettelei.

b) Durch dieselben soll eine Neuordnung der Unterstützung der mittellosen wandernden Bevölkerung eingeführt werden. Sie sind deshalb keineswegs nur Stationen für diejenigen, welche die Arbeiter=Kolonien aufsuchen.

c) Um ihre Zwecke zu erreichen, müssen sie durch ganz Deutschland und nach möglichst einheitlichen Grundsätzen eingerichtet werden.

d) Die Einrichtung der Naturalverpflegungsstationen geschieht am zweckmäßigsten durch nicht zu kleine Kommunalverbände (Kreise, Oberämter, Amtshauptmannschaften, Bezirksverbände), welche mit einander in Verbindung stehen müssen.

e) Die Stationen sind in solchen Entfernungen anzulegen, daß der mittellose Wanderer keine Veranlassung zum Betteln hat, aber auch die Stationen nicht mißbrauchen kann.

f) Die Stationsverpflegung muß ausreichend sein, so daß der Wanderer marsch- und arbeitsleistungsfähig bleibt.

g) Die Verpflegung ist, wenn nur irgend möglich, von einer Arbeitsleistung abhängig zu machen.

h) Niemand soll unterstützt werden, der selbst ausreichende Mittel zu seiner Verpflegung besitzt, worüber jeder die Unterstützung in Anspruch Nehmende mit Hinweis auf die gesetzlichen Strafen wegen Betruges zu unterrichten ist, dagegen ist jeder andere wirklich Unterstützungsbedürftige, welcher in angemessener Weise Hilfe sucht, ohne irgend welche andere Bedingungen zu unterstützen.

i) Liegen Gründe zur Verweigerung der Unterstützung vor (Trunkenheit, Frechheit, Arbeitsverweigerung u. s. w.), so ist der betreffende Reisende nicht lediglich fortzuschicken, sondern gegen ihn die Mitwirkung der Polizei in Anspruch zu nehmen.

k) Dem zu unterstützenden Wanderer ist Sonntagsruhe zu gewähren, wofür eine größere Arbeitsleistung am Sonnabend oder Montag gefordert werden kann.

l) Wenn irgend möglich, ist die Einrichtung einer Gastwirtschaft als Station zu vermeiden. — Die Verabreichung von Branntwein ist unter allen Umständen auszuschließen. — Die bestehenden Herbergen zur Heimat und ähnliche Anstalten sind in erster Linie zu benutzen.

m) Mit der Verpflegungsstation ist möglichst ein Arbeitsnachweis zu verbinden.

n) Jede Verpflegungsstation sollte unter der Obhut einer Anzahl von Männern stehen, welche sie beaufsichtigen und für die religiös-sittliche Einwirkung auf die Wanderer Sorge tragen.

C. Minden-Ravensbergischer Herbergsverein.

Am 12. März d. J. versammelten sich in Bielefeld die Vorstände sämtlicher Herbergen der vier Kreise Minden, Herford, Bielefeld und Gütersloh, denen bisher bereits die Naturalverpflegung in den betreffenden Kreisen übertragen war, um eine gemeinsame Stellungnahme in bezug auf die ihnen zugewiesenen armen Reisenden zu vereinbaren. Als Grundlage dieser Vereinbarungen wurden die vorstehenden Sätze angenommen; dazu aber nach den bisherigen Erfahrungen dieser Verpflegungsstationen, die bis jetzt als die ältesten in dem westfälischen Herbergsnetz gelten können, folgende Ergänzungen vereinbart:

Zu Punkt d wurde bemerkt, es sei sehr wünschenswert, daß jede Verpflegungsstation in ihrem Gastzimmer eine kleine Tafel aufhänge, auf welcher die sämtlichen Nachbarstationen nebst ihren Entfernungen angegeben sind. Es soll der Herbergswirt keinen seiner Gäste durch seine Schuld zu einer Stunde entlassen, in welcher er die nächste Nachbarstation nicht mehr ohne Not zu erreichen im stande ist.

Zu Punkt e. Die Konferenz hielt es für dringend erwünscht, daß die Stationen der Regel nach nicht näher beisammen lägen, als 15 Kilometer. Eine größere Zahl von Stationen raubt selbst in den hiesigen bevölkerten Gegenden den einzelnen Herbergen die Lebensfähigkeit. Auch reizt eine größere Nähe der Stationen zum Mißbrauch derselben.*)

Als Mittel gegen diesen Mißbrauch wird neben ernstlicher Forderung von Arbeit die Einführung regelmäßiger Legitimationen als unbedingt notwendig erklärt. Es wurde deshalb einstimmig auf die sofortige Einführung von Wanderbüchern gedrungen als eine der notwendigsten Grundlagen zu einer Neuordnung und Besserung der gegenwärtigen bedenklichen Verhältnisse unserer wandernden Bevölkerung. Nachdem sich herausgestellt hat, daß polizeilicherseits diese Wanderbücher augenblicklich nicht leicht einzuführen seien, wurde nach dem eingeholten Rat eines hochgestellten Verwaltungsbeamten beschlossen, dieselben seitens der Herbergsvorstände auszugeben. Es schlossen sich zu dem Ende am Schlusse der Versammlung die anwesenden Herbergsvorstände des Mindener-Ravensbergischen Landes zu einem Herbergs-Verbande zusammen mit dem Wunsche und der Hoffnung, daß allmählich zunächst Westfalen und dann auch das übrige Deutschland diesem Verbande beiträte. Es wird beabsichtigt, sobald als möglich für diesen Herbergsverein einheitliche Statuten aufzustellen, Korporationsrechte zu erwerben und so dem schweren Mißbrauch entgegenzutreten, daß jetzt viele Herbergen sich den Namen „Heimat" aneignen, die es nicht sind. Dieser Herbergsverein stellt die Wanderbücher aus und sind die einzelnen Vorstände zu verpflichten, den Reisenden solche zu verabfolgen gegen eine bestimmte Zahlung oder Arbeitsleistung. Eine besondere Instruktion für die Benutzung dieser Bücher soll den Herbergsvätern gegeben werden.

Zu g wurde allgemein anerkannt, daß nächst den Wanderbüchern eine kräftige Arbeitsleistung ein unentbehrliches Mittel gegen den Mißbrauch der freien Herbergswohlthat sei und daß namentlich den Herbergen zur Heimat auf diesem Wege eine Garantie geboten werden müsse, sich nicht Gesindel aufzuladen. Auch hat die Erfahrung unzweifelhaft ergeben, daß es dem Ruf der Herbergen keinerlei Einbuße thut, wenn die Arbeitsstellen direkt mit ihr verbunden sind und daß es ebenso wenig schadet, sondern vielmehr als ein Vorzug angesehen werden muß, wenn dieselben

---

*) Es wurde z. B. konstatiert, daß berufsmäßige Stromer, welche von Herford nach Bielefeld zu gehen haben (3 Stunden) und auch wirklich schließlich hier ankommen, statt dessen folgenden Weg einschlagen: Von Herford nach Salzuflen 1 Stunde, nach Lage 2 St., nach Detmold 2 St., nach Lemgo 2 St., nach Vlotho 2 St., nach Oehnhausen 1½ St., nach Bünde 2½ St., nach Enger 1 St., nach Werther 2 St., nach Bielefeld 2 St. Diese sämtlichen Stationen liegen im großen Kreise um Bielefeld her, ohne Arbeitsleistung. Weil die Entfernungen hier so kurz sind, wird diese Straße von arbeitsscheuen Subjekten beliebt und sie bringen auf jeder Route einen ganzen Tag zu. — Das Mittagsbrot nehmen diese Leute nirgends auf den Stationen, weil das der Weg nicht lohnt, — sondern betteln es bei den Landleuten.

direkt unter dem Hausvater stehen, doch so, daß ihm der Regel nach ein Aufseher unterstellt wird. — Der ganze Mechanismus ist so am einfachsten und wirksamsten. — Auf der anderen Seite wurde aber auch betont, daß man das Zartgefühl der Reisenden schonen müsse, die Arbeitsleistung soll, z. B. wenn irgend möglich, nicht in Straßenkehren und dergl. Beschäftigung bestehen und Beaufsichtigung durch Polizeibeamte vermieden werden. Auch wurde angeführt, daß oft ein ordentlicher junger Mensch, aus Not gezwungen, seine geringeren Kleider alle verkauft habe und nur noch einen einzigen guten Anzug behalten, in dem er sich noch vorstellen kann und Hoffnung hat, angenommen zu werden. Die Arbeit darf darum nicht der Art sein, daß dieser letzte gute Anzug dabei verdorben wird. Es ist auch nicht praktisch, wenn das kleingemachte Holz durch die Reisenden selbst in der Stadt umhergebracht wird. Für diese Arbeit wird sich leicht ein Ortsangehöriger finden, der über diese regelmäßige Anstellung hoch erfreut ist. Kurz: die Herberge soll jeden ordentlichen Arbeiter anziehen.

Nach eingehendster Beratung wurde es als das Richtigste befunden, wenn mindestens ein halber Tag für den Aufenthalt auf der Verpflegungsstation verwendet wird, sowohl um die geforderte Arbeit zu leisten, als auch um Umschau nach Arbeit zu halten. Da doch einmal die ganz arbeitslose wandernde Bevölkerung leben muß, so liegt gar kein Gewinn darin, sie schnell von Ort zu Ort weiter zu treiben. Die Arbeit gewinnt bedeutend größeren Wert, die Wanderer werden mehr an Arbeit gewöhnt, auch ihnen mehr die Wohlthat eines einigermaßen heimatlichen Gefühls während ihres Pilgerlebens verschafft, wenn ihnen wenigstens zu dem Nachtquartier auch ein Mittagbrot gewährt wird. Den bisherigen allgemeinen Grundsätzen gegenüber, daß zuerst die Arbeit und dann die Verpflegung stattfinden müsse, hat die Erfahrung in diesen vier Kreisen vielmehr gelehrt, daß es in der Regel das Beste ist, wenn die Wanderer gegen Abend in der Herberge eintreffen, den ganzen anderen Vormittag arbeiten; wenn es nötig ist, auch eine Stunde der Umschau nach Arbeit widmen, dann noch Mittagbrot erhalten und erst am Nachmittage weiter ziehen. Es hat sich, wie oben gezeigt, herausgestellt, daß die morgens Ausziehenden zum weitaus größten Teil dennoch den ganzen Tag umher liegen und die nächste Station gewöhnlich erst nachmittags oder gegen Abend erreichen und aller Mahnungen ungeachtet bei gutherzigen Landleuten ihr Mittagbrot erbitten. Es wird darum eine größere Sicherheit gegen den Mißbrauch der Stationen gewonnen, wenn der Vormittag der Arbeit und der Nachmittag dem Marsche gewidmet wird, wobei der Abend dann auch noch zur Reparatur der Kleidungsstücke u. s. w. verwendet werden kann. Es läßt sich ein schnelleres Weiterpreschen der Heimatlosen von Station zu Station absolut nicht erreichen. — Auch ist nicht gleichzeitig eine tüchtige Arbeitsleistung und dazu ein Marsch von zwei ordentlichen Stationen in einem Tage zu verlangen, was ja dann nötig wird, wenn auf einer Station nur Mittagbrot, auf der anderen nur Nachtquartier, Abendbrot und Frühstück gewährt wird. Läßt man morgens zwei Stunden arbeiten, was doch das Minimum ist, so können die Reisenden die nächste Station vormittags nicht erreichen.

Ebensowenig können sie in einem Nachmittag Marsch und Arbeit für das Nachtquartier zu gleicher Zeit verrichten. — Wenn das Mittagbrot am andern Tage noch gewährt wird, so ist nach empfangenem Nachtquartier ein Nachlassen im Fleiße selten bemerkt worden. Wo dies der Fall war, hat eine Bestrafung durch eine Stunde Nachmittags=Arbeit die besten Früchte getragen. — Die in einigen Stationen eingeführte Ordnung, daß für die Sonntagsruhe den **ganzen** Montag gearbeitet werden müsse, konnte nicht empfohlen werden. Es soll den Pilgern der Eindruck entstehen, daß die Sonntagsruhe eine göttliche Ordnung ist und daß man für die an diesem Tage gewährte Wohlthat nicht eine besondere Arbeit zu leisten habe. — Dagegen wurde die z. B. in Bochum eingeführte Praxis mit Freuden begrüßt, daß ein Reisender, der erst in einigen Tagen Arbeit an dem Orte empfangen kann, auch mehrere Tage volle Verpflegung auf der Station erhält, wofür er aber den **ganzen** Tag arbeitet. In den ländlichen Stationen beschäftigt man einzelne Gäste gern einige Wochen mit Landarbeit und in **diesem Falle** wird außer Verpflegung auch ein Lohn in Kleidungsstücken gewährt. — In allen ländlichen Orten wird dringend geraten, mit der Station eine kleine Landwirtschaft zu verbinden, die stets Arbeitsgelegenheit bietet.

Zu i. Es wurde geraten, daß die Polizei von den Herbergsvätern so selten wie möglich in Anspruch genommen werde und wurde die Ausführung dieses Punktes den Anweisungsbeamten zugeschoben.

Zu k. Eine Untersuchung der Reisenden auf etwa noch vorhandene Geldmittel wurden bei Stromern als nutzlos, bei ordentlichen Leuten als verletzend abgewiesen und eine polizeiliche Bestrafung sollte nur dann für verheimlichte Geldmittel eintreten, wenn mutwilliger Mißbrauch der Wohlthat konstatiert wird, namentlich durch Betrinken und Aufsuchen schlechter Vergnügungslokale. Ein einziger gründlich Bestrafter wird eine große Zahl anderer von gleichem Mißbrauch zurückhalten.

Zu m. Es hat sich als das Praktischste erwiesen, daß die Arbeitsnachweisestelle in der Herberge selbst sei, entweder so, daß alle Arbeitgeber auf einer großen in derselben angebrachten Tafel ihre Namen und den gesuchten Arbeiter aufschreiben, oder daß einzelne Innungen diejenige Stelle angeben, an der den Innungsgenossen Arbeit oder Unterstützung geboten wird. Es wurde freudig begrüßt, daß einzelne Innungen sich entschlossen haben, nicht nur ihre Innungsgenossen selbst zu unterstützen, sondern auch die Unterstützung ihnen in der Herberge zur Heimat zu gewähren. Hiermit ist zugleich der Empfindlichkeit vieler Handwerksmeister, die **gegen** die Arbeitsleistungen der Reisenden sind, der Ausweg gezeigt. Wenn die Innungen ihre Innungsgenossen **ohne** Arbeitsleistungen unterstützen wollen, so steht ihnen das ja frei; allein sie sollen nicht verlangen, daß auf Kommunalkosten Faullenzer ohne Arbeit verpflegt werden.

Auf Grund der vorliegenden Erfahrungen wurde folgende Instruktion für die Stationsvorsteher und Herbergsväter empfohlen:

1. Die Reisenden kehren stets geradeswegs in der Herberge ein und dürfen, wenn sie sich ordentlich betragen, ohne weiteres von dem Hausvater angenommen werden. **Jedes Herumstehen auf den Straßen**

und Warten vor dem Anweisungsbureau ist zu vermeiden. Der Wirt fragt die Reisenden sogleich, ob sie auf eigene oder öffentliche Kosten verpflegt werden wollen. Er zeigt ihnen an, daß das Letztere nur für ganz Unbemittelte und nur gegen Arbeitsleistung möglich ist; falls sie zu einer Stunde gekommen, wo noch freie Zeit übrig ist, weist er sie sofort an die Arbeit. Zu einer Zeit, wo der Stationsvorsteher oder Anweisungsbeamte sicher zu finden ist, sendet er sie dann zu diesem, damit sie sich ihre Anweisung holen und ihre Papiere vorweisen.

2. Letzterer hat doppelte Marken, für Mittagbrot und für Nachtquartier (mit Abendbrot und Frühstück). Auf beiden steht auf der Rückseite gedruckt: „Diese Verpflegung wird nur gegen Arbeit und nur Unbemittelten gewährt. Wer diese Wohlthat ohne Not in Anspruch nimmt und dieselbe mißbraucht, kann wegen Betrugs bestraft werden." — Der Regel nach ist Abendbrot, Nachtquartier und Frühstück, sowie Mittagbrot zu gewähren gegen 4 Stunden Arbeit. Für ersteres allein ist $2^1/_2$ Stunden Arbeit zu leisten; für letzteres allein $1^1/_2$ Stunden. In Ausnahmefällen darf mehrere Tage Verpflegung gewährt werden. Doch hat der Reisende in diesem Falle den ganzen Tag über zu arbeiten. Kein Hausvater darf einen Arbeitsfähigen umsonst verpflegen, wenn er die ihm aufgegebene Arbeit zu leisten verweigert, sondern hat dem Stationsvorsteher sofort Anzeige davon zu machen. — In diesem Falle muß der Stationsvorsteher die Hilfe der Polizei in Anspruch nehmen und auf Bestrafung dringen.

3) Für den Fall, daß die **Arbeitsstelle** nicht mit der Herberge verbunden ist und einen besonderen Aufseher hat, so sind diesem Aufseher besondere Marken zu übergeben, auf welchen verzeichnet steht, wie viele Stunden oder welches Maß an Arbeit geliefert ist. — Diese Marken sind zunächst an den Herbergsvater und durch diesen an den Stationsvorsteher abzugeben.

4. Ueber sämtliche auf öffentliche Kosten verpflegte Reisende ist ein Register nach einem vorgeschriebenen Schema, der Regel nach vom Stationsvorsteher, zu führen. Derselbe hat auch **die Papiere der Reisenden zu prüfen.**

Ist der Stationswirt ein Hausvater einer richtigen Herberge zur Heimat, so können demselben die Funktionen der Registrierung der Reisenden übertragen werden. Das geführte Kontrollbuch muß in diesem Falle jede Woche dem Stationsvorsteher vorgelegt werden, wobei die Ausgabe der Marken stattfindet. Die zu verausgabenden Marken dürfen sich nicht in Händen der Stationswirte befinden.

Ratsamer ist es jedoch, daß sich die Reisenden mit ihren Papieren zu irgend einer Zeit ihres Aufenthaltes bei dem Stationsvorsteher stellen und durch diesen ihre Anweisung empfangen.

5) Mit jeder Herberge ist ein Arbeitsnachweis zu verbinden. Jeder Herbergswirt hat eine Tafel aufzuhängen, auf welcher die Arbeitgeber ihre Bedürfnisse an Arbeitern aufschreiben. Ist passende Arbeit für den ankommenden Reisenden vorhanden, so muß der Wirt denselben direkt dorthin weisen. Hat eine Innung oder andere Gewerkschaften eine bestimmte Organisation getroffen zur Unterstützung der ihr zugehörigen

Arbeiter, so ist der Reisende ebenfalls zunächst an diese zu weisen und erst dann zu unterstützen, wenn bestimmte Nachricht eingeht, daß ihm keine Arbeit geboten, auch keine Unterstützung gereicht werden kann. Doppelt soll niemals unterstützt werden. Ist einem Reisenden Arbeit nachgewiesen worden und er hat dieselbe nicht angenommen, so ist davon dem Stationsvorsteher Mitteilung zu machen, damit der Betreffende event. als Landstreicher bestraft werden kann, falls er öffentliche Unterstützung in Anspruch genommen hat.

6. Die Wanderbücher des Herbergsvereins werden von den Herbergsvorständen ausgefertigt. Sie enthalten auf der ersten Seite vorgedruckt: „Zweck des deutschen Wanderbuches ist, den fleißigen Handwerker und Arbeiter vor der Verwechselung mit berufsmäßigen Stromern zu schützen. Dieselben werden vom Herbergsverein gegen 30 Pfg. ausgestellt. Sie haben nur dann einen Wert, wenn sich jeder Reisende seine Arbeit jedesmal durch Arbeitgeber bezeugen und dieses Zeugnis von der Ortsbehöde bestätigen läßt. Ebenfalls ist von allen Herbergsvätern des Vereins ein Zeugnis über das gute Verhalten in der Herberge zu erbitten. Jeder Inhaber eines Wanderbuches, welches seit längerer Zeit Zeugnis fleißiger Arbeit und guten Verhaltens giebt, wird in den Herbergen vorgezogen und bei allen Arbeitgebern zunächst empfohlen."

Auf der zweiten Seite steht das Nationale, welches nach den vorhandenen Papieren und Angaben der Reisenden aufgesetzt wird, mit dem Vermerk unter demselben: „Dieses Nationale ist nach den Angaben des Reisenden selbst angefertigt." Es wird jedem Reisenden ernstlich vorgehalten, daß falsche Angaben sofortige Anzeige bei der Polizei und nicht nur Verlust des Wanderbuches, sondern auch Bestrafung wegen Betruges nach sich ziehen können. Jeder Herbergswirt ist verpflichtet, die Reisenden auf den Nutzen des Wanderbuches aufmerksam zu machen und sie zu ermuntern, sich solche beim Herbergsvorstand zu holen. Kann ein Reisender die Mittel nicht aufbringen, so ist ihm ein Wanderbuch auch gegen drei Stunden Arbeit auszufertigen, doch darf dies nur in Ausnahmefällen geschehen. Hat ein mittelloser Wanderer kein Wanderbuch und will sich auch keins verdienen, so hat der Herbergswirt und Stationsvorsteher ihn darnach zu behandeln: Er bekommt die geringste Arbeit und Nachtquartier auf der Pritsche. Das gleiche findet statt, wenn das Wanderbuch durch vorhandene Lücken Zeugnis davon ablegt, daß der Reisende sich unnütz umhergetrieben hat. Jedem ordentlichen Gast, der sich gut benommen hat, ist seitens der Herbergswirte ein kurzes Zeugnis in sein Wanderbuch einzutragen, wozu ihm ein Stempel geliefert wird, der auch Tag und Stunde angiebt, an welchem der Reisende die Herberge verläßt, daß der nächste Wirt sofort erkennen kann, ob der Reisende auf guten Wegen ist oder nicht.*)

Mit diesen Wanderbüchern sind gleich zu rechnen ordentliche Reisepässe und regelmäßig ausgestellte Innungsbücher. Es ist zu hoffen, daß die Innungen gestatten, daß die Herbergsväter auch in diese Bücher ihr

---

*) Wanderbücher sind von der Schriften-Niederlage „Bethel" zu beziehen.

Wanderzeugnis eintragen dürfen. Faulen, unbescheidenen und unordentlichen Reisenden ist dieses Zeugnis einfach zu versagen, aber nicht ein schlechtes Zeugnis einzuzeichnen.

7. Mit der Reinigung unreiner Reisenden haben sich die Herbergswirte nicht zu befassen, da hierfür in größeren Städten Einrichtungen getroffen sind und jeder sich reinigen lassen kann wenn er will. Alle un= reinen Leute schlafen stets auf der Pritsche und bekommen kein Zeugnis.

8. Jeder Herbergswirt hat in seiner Station eine Tafel aufzuhängen, auf welcher alle benachbarten Stationen verzeichnet stehen nebst ihren Entfernungen. Er hat dafür zu sorgen, daß kein Reisender durch seine Schuld die Station zu einer Stunde verlassen muß, wo er die nächste Station, ohne Not zu leiden, nicht mehr erreichen kann.

D. Grundzüge für die Organisation des Herbergswesens in Deutschland.

Bei Gelegenheit der Generalversammlung des Zentralvorstandes der vereinigten Arbeiter=Kolonien tagte gleichzeitig eine Konferenz der Vorsteher der deutschen Brüderhäuser und anderer erfahrener Freunde der Herbergssachen, um dem Zentralvorstande der Arbeiter=Kolonien bei seinen Bestrebungen die Hand zu reichen und ein möglichst vollständiges, unter sich einheitlich verbundenes Netz von Herbergen zur Heimat in ganz Deutschland, auch in allen kleineren Städten, herzustellen. Von dieser Konferenz wurden folgende Grundzüge vereinbart und eine Kommission gewählt,*) welcher die Ausführung derselben übergeben ward.

§ 1. Zur Vertretung des Interesses, welches die Arbeiter=Kolonien, die Jünglings= und Gesellenvereine, die Brüderanstalten und die Bestrebungen der innern Mission in ihrer Gesamtheit an der richtigen und rechtzeitigen Begründung, Einrichtung und Verbindung der Herbergen zur Heimat im größten und kleinsten Umfange haben, bestellt die heutige Konferenz eine Kommission für das Herbergswesen mit dem Rechte der Kooptation.

§ 2. Die Kommission hat die Aufgabe:
a) das gesamte Material von Gedanken und Erfahrungen, das Herbergswesen betreffend, zu sammeln, zu sichten, zu verarbeiten, zu verbreiten;
b) die betreffenden Herbergen zur Heimat zu gegenseitiger Handreichung, Beratung und Zucht zu verbinden;
c) in allen technischen Fragen den Freunden der Sache mit Rat und That zu dienen;
d) an den rechten Stellen neue Herbergen (resp. Verpflegungsstationen) ins Leben zu rufen, resp. die rechten Hände dazu daselbst aufzusuchen;
e) das Interesse der Herbergen als Anstalten christlicher Barmherzigkeit sowohl den nächstbeteiligten Kreisen, wie der Oeffentlichkeit und den Behörden des Staats und der Kirche gegenüber zu vertreten.

---
*) Mitglieder dieser Kommission sind zunächst:
Prediger Wichern, Direktor des Rauhen Hauses zu Horn bei Hamburg.
Pastor Hesekiel, Sudenburg bei Magdeburg.
Pastor Droß, Genthinerstr. 38, Berlin, und Pastor v. Bodelschwingh zu Bielefeld.

§ 3. Zur Erfüllung dieser Aufgabe bedient sich die Kommission eines Fachbureaus und der bestehenden Organisationen der freien christlichen Liebesthätigkeit in den einzelnen Territorien.

§ 4. Das Bureau für das Herbergswesen fungiert als Institut des Zentral-Ausschusses für innere Mission und wird von einer Anzahl sachverständiger Männer, die auf Veranlassung des letzteren und unter Leitung eines Mitgliedes desselben zusammentreten, bedient. (Sollte dieses Mitglied außerhalb Berlins wohnen, dann muß es durch ein anderes in Berlin wohnhaftes vertreten werden.)

§ 5. Das Bureau leistet im Auftrage der Kommission für das Herbergswesen alle ad § 2 bezeichneten Dienste unentgeltlich, liefert insbesondere auch Baupläne, Kostenanschläge, Entwürfe zu Hausordnungen, Instruktionen rc.

§ 6. Die Kommission versammelt sich mit den Mitgliedern des Bureaus alljährlich wenigstens einmal, sonst nach Bedürfnis.

§ 7. Die Organe des Werks der innern Mission in den einzelnen Ländern und Provinzen veranlassen Fachkonferenzen innerhalb ihres Bezirks, also Konferenzen einmal der Herbergsvorstände, Herbergsväter, resp. der Männer, die mit der Begründung einer solchen Anstalt beschäftigt sind und deren, die als Sach- und Fachverständige für das Herbergswesen Autorität haben. (Vorsteher der Brüderanstalten.)

§ 8. Die Fachkonferenz wählt zur Leitung ihrer Angelegenheiten in Verbindung mit dem betreffenden Landes- resp. Provinzialvereine einen Vorstand, der die Verbindung mit der leitenden Kommission für das Herbergswesen unterhält. Es ist anzustreben, daß
a) alle beteiligten Herbergen rc. sich einer dem Prinzip der freien Thätigkeit entsprechenden Visitation von seiten des Konferenzvorstandes resp. eines von ihm Deputierten unterwerfen;
b) bei den Fachkonferenzen der Kommission für das Herbergswesen das Recht der Teilnahme gewährleistet und die Gelegenheit dazu gegeben wird;
c) die Kreisverbände die Unterhaltung der Verpflegungsstationen unter der Bedingung einer Visitation des betreffenden Instituts unter den Anforderungen derselben übernehmen.

Es kann mitgeteilt werden, daß die Kommission ihre Arbeit begonnen hat. Das Bureau derselben befindet sich in Berlin, Genthinerstraße 38, und können sich alle diejenigen, welche über Herbergen zur Heimat, große wie kleine, nähere Ratschläge bedürfen, direkt an den Vorsteher dieses Bureaus, Herrn Pastor Droß daselbst, wenden.